10 SEGREDOS para se tornar uma MÃE SEM ESTRESSE

Cindi McMenamin

10 SEGREDOS para se tornar uma MÃE SEM ESTRESSE

Ágape

São Paulo, 2017

10 segredos para se tornar uma mãe sem estresse
10 Secrets To Becoming A Worry-Free Mom

COORDENAÇÃO EDITORIAL
Rebeca Lacerda

TRADUÇÃO
Eni Rodrigues

PREPARAÇÃO
Tássia Carvalho

CAPA
Alexandre Santos

DIAGRAMAÇÃO
Larissa Caldin

REVISÃO
Patrícia Murari
Fernanda Guerriero Antunes
Ana Lúcia Neiva

COORDENADOR EDITORIAL
Vitor Donofrio

AQUISIÇÕES
Renata de Mello do Vale
Solange Monaco

EDITORIAL
Giovanna Petrólio
João Paulo Putini
Nair Ferraz
Rebeca Lacerda

Texto de acordo com as normas do Novo Acordo Ortográfico da Língua Portuguesa (1990), em vigor desde 1º de janeiro de 2009.

Dados Internacionais de Catalogação na Publicação (CIP)
(Câmara Brasileira do Livro, SP, Brasil)

McMenamin, Cindi
10 Segredos para se tornar uma mãe sem estresse / Cindi McMenamin ; tradução de Eni Rodrigues. -- Barueri, SP : Ágape, 2017.

Título original: 10 secrets to becoming a worry-free mom

1. Mães – Vida cristã 2. Preocupação – Aspectos religiosos – Cristianismo I. Título II. Rodrigues, Eni.

17-0040 CDD 248.8431

Índice para catálogo sistemático:
1. Mães – Vida cristã 248.8431

EDITORA ÁGAPE LTDA.
Alameda Araguaia, 2190 – Bloco A – 11º andar – Conjunto 1112
CEP 06455-000 – Alphaville Industrial, Barueri – SP – Brasil
Tel.: (11) 3699-7107 | Fax: (11) 3699-7323
www.editoraagape.com.br | atendimento@agape.com.br

Ao Único que pode acalmar os mares – e também nossos medos – e que cuida do que amamos muito melhor do que podemos fazer: o Pai Perfeito, o Senhor Jesus Cristo.

SUMÁRIO

A ESCOLHA É SUA

Imagine nunca mais ter que se preocupar com seus filhos outra vez.

Seria ótimo, não? Nunca mais passar noites em claro, dias estressantes, ficar com um nó no estômago por não poder controlar certas situações vividas por eles, ou experiências apavorantes pelas quais possam passar.

Estou certa de que não nos preocuparíamos em absoluto se tivéssemos a certeza de que nossos filhos seriam felizes, saudáveis e seguros por toda a vida. No entanto, a vida não vem com essas certezas. E, embora eu não consiga assegurar pessoalmente o bem-estar de seus filhos, posso apresentar dez "segredos" que certamente mudarão a sua vida – e a daqueles que você ama – para melhor.

Os segredos deste livro vão ajudá-la a livrar-se da preocupação, a ficar em paz e a apreciar a tarefa de ser mãe (ou pai), independentemente da idade de seus filhos e de quanto estrago eles já tenham feito até agora. Não vou revelar "os dez segredos para fazer seu filho se comportar bem" ou "as dez maneiras de assegurar que suas crianças jamais se machuquem". Nem vou sugerir meios para que você as convença a fazer as suas escolhas. Na verdade, vou oferecer uma parceria que promete paz e um estilo de vida apoiado em Deus, o único capaz de fazer muito mais para e com seu filho do que você mesma.

Estou convidando-a para uma parceria com o Deus Vivo, a qual mudará sua maneira de pensar e agir. Nela, você vai encontrar meios de ter uma vida livre de preocupações e estresse.

Percebi que, ao escrever estas palavras, faço um grande apelo. A bem da verdade, já passei por situações e conversei com mães que também experimentaram algumas das mesmas situações que a aterrorizam. E todas nós já enfrentamos os mesmos eventos, unidas ao Pai Perfeito, Aquele que sabemos que tem a nossa vida, e a de nossas crianças, protegidas em Suas mãos.

Com certeza, há muitos fatores que nos preocupam sobre nossos filhos – a personalidade e o comportamento, o ambiente que os cerca, os amigos, ou a falta deles, a impulsividade, as atitudes, e a disposição para aquilo que pode afastá-los de seus objetivos... e dos nossos. Há um mundo lá fora esperando para devorá-los quando se trata de destruir seus valores, desafiar suas crenças e atraí-los para uma vida materialista, gananciosa e egoísta. Será que eles tomarão as decisões certas para serem bem-sucedidos na vida? Será que vão ser felizes e realizados? Será que guardarão os valores ensinados por você? Como educarão os próprios filhos algum dia?

E o que nós, as mães, podemos fazer a respeito disso?

Megan, mãe de quatro crianças com menos de sete anos de idade, disse: "Preocupo-me muito que meus filhos se machuquem ou, ainda pior, que morram. Fico apavorada e penso no pior. Talvez seja normal, mas não gosto desse sentimento. Sinto-me apreensiva a respeito do que farão na escola quando ficarem mais velhos, e de que seus amigos exerçam alguma influência negativa sobre eles. A inquietação é constante e meus filhos ainda são tão jovens".

Sue, mãe de um rapaz de 19 anos, afirmou estar sempre preocupada, quase obsessivamente, com a segurança física do filho.

"Inúmeras vezes, me preocupei quando ele estava fora com os amigos e não conseguia encontrá-lo. Minha primeira reação era um sentimento paralisante e terrível de medo. Quando estava prestes a não aguentar mais a espera por alguma notícia, ele me mandava uma mensagem de texto. Não desejo a ninguém essa experiência de intenso grau de medo que eu vivia. Era terrível."

Nem eu nem você fomos feitas para viver dessa forma. As Escrituras afirmam que Deus não nos deu o espírito de preocupação ou temor, mas de fortaleza, de amor e de moderação (2Tm 1:7). E a mãe pode ter influência intensamente positiva no filho quando exercita a fortaleza, o amor e a moderação de Deus, e não a preocupação ou o temor.

Sei que esse é o tipo de mãe que quero ser – aquela que confia no poder e no amor de Deus, e cujo comportamento é equilibrado.

Megan afirmou: "Minha confiança em Deus me ajuda a me acalmar, mas sinto que essa confiança Nele é mais forte em outras áreas de minha vida, como no casamento e nas finanças. Preciso crer mais no que Deus planejou para meus filhos e o futuro deles".

Megan não é a única a viver com esse sentimento. Muitas mães aflitas creem em Deus, mas não sabem como conciliar sua fé Nele e a preocupação com os filhos. Este livro foi escrito para ensiná-la a dar esse passo – o que fará toda a diferença tanto na sua vida quanto na de seus filhos. Ele irá lhe mostrar, de forma prática, como confiar em Deus na vida diária, o que é o mais importante para você.

Em se tratando de seus filhos, crer em Deus não é apenas uma espécie de esperança de que Ele concorde em atender as suas orações. A parceria que a convido a promover é optar por um estilo de vida determinado por um Deus Vivo capaz de realizar tudo o que nós não conseguimos, e que pode determinar o que é melhor para seu filho quando você e eu temos apenas a ilusão de que somos capazes de fazê-lo.

POR QUE NÃO DEVE HAVER PREOCUPAÇÃO?

Vamos começar analisando o que a preocupação faz conosco, com nossa saúde e nossos relacionamentos.

1. A PREOCUPAÇÃO NOS ESTRESSA

A preocupação causa estresse – e o estresse mata. Isso realmente acontece. Ele não impacta apenas a saúde, a aparência e os relacionamentos da mulher, mas também sua qualidade de vida em geral, além de causar o envelhecimento precoce. A apreensão também está ligada a úlceras e a outros problemas de saúde. Desse modo, ao escolher não se preocupar, você está investindo na saúde, o que é um presente para você e para sua família.

De acordo com os resultados de pesquisas do Barna Group de maio de 2014, as mães americanas são estressadas, cansadas, excessivamente compromissadas e incertas sobre a melhor forma de lidar com o trabalho e a família. Embora a maioria das mães com filhos em casa afirme estar satisfeita com a vida da família (61%), para muitas isso também representa a maior fonte de estresse. Além disso, o número daquelas (20%) que se estressam a ponto de adoecer pode ser quase o dobro do que o das mulheres que não têm filhos (12%).[1] E a preocupação desempenha um grande papel nisso.

2. A PREOCUPAÇÃO AFASTA NOSSOS FILHOS

Um motivo pelo qual os filhos não costumam contar aos pais o que está acontecendo na vida deles (ou de não

1 Mais informações sobre o Grupo de Pesquisa Barna Group no site <http://www.barna.com/research/tired-stressed-but-satisfied-moms-juggle-kids-career-identity/#.U78DELGgrZJ>.

serem completamente honestos) é que não "querem preocupar as mães".

Enquanto escrevia meu livro *When a Mom Inspires Her Daughter*,[2] perguntei a filhas de 12 a 40 anos sobre o relacionamento delas em casa. Percebi que muitas, independentemente da idade, responderam que a mãe se preocupava demais com elas. Entendiam o cuidado, mas o excesso as inquietava e às vezes as irritava. Assim, ao optar por não se preocupar, você também está investindo no relacionamento com seus filhos.

3. A PREOCUPAÇÃO ENSINA A DESCONFIANÇA A NOSSOS FILHOS

A preocupação sinaliza às nossas crianças, e a outras pessoas, que "Deus não pode resolver isso". Por essa razão, ela constitui o pecado de não ter confiança em Deus. Sei que você, assim como eu, não está consciente desse pensamento quando se preocupa, mas é o que estamos mostrando.

Você não quer ser o exemplo desse tipo de desconfiança para seus filhos. Sua forma de viver, em grande parte, impacta a maneira como eles vivem, e suas inquietações tendem a ser imitadas por eles. Por outro lado, o foco de sua confiança também influenciará muito na escolha deles de como lidar com as situações da vida.

Mesmo que seus filhos não imitem sua fé ou grau de confiança, eles saberão onde devem depositá-la. As decisões que você toma – inclusive a de se afligir ou confiar em Deus – falarão mais alto para eles do que qualquer "sermão". Elas irão influenciá-los nas próprias opções até a vida adulta.

---

2 Publicado por Harvest House Publishers, 2013. *Quando uma mãe inspira sua filha* (tradução livre), ainda sem edição brasileira (N.T.).

A RAIZ DA PREOCUPAÇÃO

Costumamos acreditar que nosso nível de preocupação é um indicador do quanto amamos nossos filhos. Na verdade, entretanto, é uma indicação do *quão pouco conhecemos Deus*, pois quanto mais O reconhecemos como o Pai Perfeito, que tudo sabe, que é todo amor e sabedoria, mais facilmente seremos capazes de confiar Nele sobre o que é mais importante para nós e, assim, ficarmos em paz – mesmo que agora você...

- perca noites de sono preocupando-se com o paradeiro de seu filho;
- se inquiete quando se trata da saúde e do bem-estar dele;
- se pegue revivendo situações do passado em sua mente e pensando que poderia ter respondido ao seu filho de uma maneira melhor;
- esteja temerosa de como serão os anos da adolescência de seu filho;
- seja mãe solteira (ou sinta que está criando os filhos sozinha).

A JORNADA ADIANTE

Neste livro, você vai conhecer mães cujas experiências vividas elas julgavam ser as piores, mas viram que o Senhor se fazia presente de maneiras surpreendentes. E, em cada capítulo, você descobrirá princípios das Escrituras e orientações práticas para eliminar a preocupação de sua vida e experimentar a paz de Deus.

No final de cada capítulo, também terá a chance de aplicar o que aprendeu individualmente, assim como em comunidade com outras mães. A seção intitulada "Tornando-se uma mãe sem estresse – na comunidade" é indicada para ser trabalhada junto a uma ou duas outras mães que também lutam contra as inquietações. Ou você pode recomendar este livro para ser usado em grupos na igreja ou na residência de alguém. Um dos modos mais rápidos e efetivos de abandonar o hábito destrutivo de se afligir é se aproximar de pessoas que possam compartilhar as responsabilidades umas com as outras.

Por fim, ao término de cada capítulo há uma oração para você, a qual pode ser realizada para si mesma e que irá ajudá-la a crescer em sabedoria, conhecimento e intimidade com Cristo, a fim de que se torne não apenas uma mãe livre de preocupações, mas também uma mulher maravilhosamente livre.

A chave para tudo isso acontecer é ter a vontade de entregar seus temores ao Senhor. Como isso ocorre?

O ABC DA ENTREGA

A – ADMITA QUE VOCÊ NÃO TEM CONTROLE SOBRE A VIDA DE SEU FILHO. Sim, você pode controlar sua forma de diversão, os amigos e o ambiente por algum tempo, mas, por mais vigilante que seja, ele, por fim, tomará as próprias decisões. E, às vezes, elas podem entristecer seu coração. Por isso, desista desse controle agora mesmo falando em voz alta: "Não estou no controle da vida de meu filho. Deus está".

B – BUSQUE NUNCA DUVIDAR DE QUE DEUS QUER APENAS O MELHOR PARA VOCÊ E SEU FILHO. Algumas vezes, tememos que Ele nos peça, e às nossas crianças também, algo que não estamos dispostos a dar. Ao compreender que Deus ama seu filho mais do que você mesma, e que a ama mais do que você é capaz de imaginar, encontrará paz por estarem ambos nas mãos Dele. Depois de admitir que não possui o controle, dê o próximo passo e confie que o comando Dele sobre suas vidas é algo verdadeiramente bom.

C – COMPROMETA-SE COM UM CONHECIMENTO MAIS PROFUNDO DE DEUS. Acredito de fato que a extensão de nossa preocupação está diretamente relacionada ao quão bem O conhecemos. Observe que eu não disse que nossa preocupação se relaciona ao quanto confiamos Nele. A razão para isso é a seguinte: quando verdadeiramente O conhecemos e compreendemos tudo de que Ele é capaz, não temos alternativa senão confiar Nele. A confiança surge com a familiaridade e o conhecimento íntimo. Por isso, comprometa-se neste momento a ler todo este livro, a completar as seções de exercícios e a conhecer Deus melhor do que nunca. Ao fazê-lo, suas apreensões cairão no esquecimento, e você vai adquirir um hábito novo e mais saudável: a confiança.

A ESCOLHA É SUA

Você está pronta para entregar a Deus o peso das preocupações que a estão esmagando? Você pode optar por ser controlada pelas circunstâncias (e continuar estressada) ou render-se Àquele que as controla.

Prefira ser comandada pela voz mansa e delicada Daquele capaz de parar qualquer tempestade... Aquele que a convida a se acalmar e saber que Ele é o Deus de tudo, inclusive de suas crianças.

Prefira ser parceira do Pai Perfeito.

1º SEGREDO
Associando-se ao Pai Perfeito

CAPÍTULO 1

E SE EU NÃO ESTIVER FAZENDO ISSO DA FORMA CERTA?

Se você já se perguntou *E se eu não estiver fazendo isso da forma certa?*, saiba que não é a única.

Todas nós já nos perguntamos, em um momento ou em outro, se nos encontrávamos prontas para a tarefa de ser mãe ou se estávamos apenas estragando nossos filhos.

- E se eu não estiver envolvida o bastante com a vida deles?
- E se eu os estiver reprimindo?
- E se eu estiver sendo muito rigorosa?
- E se eu não estiver sendo rigorosa o bastante?
- E se eles estiverem sendo influenciados por meu próprio transtorno?

Não, você não é a única mãe que luta contra as inseguranças e os pensamentos pairando sobre sua cabeça. E também não é a única que se tortura quando suas crianças se comportam mal, quando descobre que elas estão em situação de risco, ou quando fazem uma escolha que lhe corta o coração. Como mães, nós nos culpamos por não sermos capazes de perceber todas as necessidades de nossos filhos, por trabalharmos demais e vê-los tão pouco, por falarmos com eles ao telefone em vez de pessoalmente, e por não conhecermos as novas descobertas alimentícias – ou do ar que respiram – que podem provocar câncer.

Nós nos sentimos culpadas e acreditamos ser as únicas responsáveis pelo que eles se tornarão.

Kelly é uma jovem mãe (que, em minha opinião, apresenta essas aflições de forma mais acentuada do que muitas outras mães que observei) que se preocupa sobre como está criando seu único filho de três anos, Dexter.

"Uma vez que sou uma pessoa naturalmente estressada, tenho muitas inquietações. Temo que ele adquira nossos maus hábitos. Preocupa-me o fato de que poderíamos fazer mais para ajudá-lo a ser bem-sucedido no futuro e a se tornar tudo o que Deus quer que ele seja. Sinto-me aflita pela dúvida de estarmos ou não construindo uma boa base para que ele desenvolva um relacionamento com Deus, em quem pode confiar.

Também me preocupo com a maneira como ele trata as outras pessoas e se está aprendendo a respeitar. Temo que seu espírito feliz possa se extinguir. Preocupo-me que estejamos sendo duros demais com ele ou pressionando-o demais, e fazendo-lhe exigências com muita frequência. Também me inquieta o efeito que o fato de vivermos distantes de seus avós, primos e parentes próximos possa causar nele, e o tipo de ambiente em que está crescendo, bem como o quão diferente isso é das experiências da infância que eu e meu marido tivemos. Preocupo-me com o que comemos e com o impacto que todos os novos aditivos e açúcares podem ter em seu desenvolvimento e em sua capacidade de aprender.

Com a aproximação do período do Ensino Fundamental, temo sua exposição à pressão dos colegas e as perguntas que ele me fará; a prática de esportes e a competitividade até mesmo dos mais jovens; temo não poder proporcionar o melhor tipo de escolaridade a fim de que ele aprenda e alcance seu potencial máximo; e que não consiga cumprir o calendário escolar em virtude de ter pais que trabalham. Também me preocupo com nossa capacidade de orientar os interesses dele na direção certa e lhe dar as melhores oportunidades de explorar, garantindo que tenha tempo de ser criança e de brincar.

Preocupo-me em verificar o que ele vê e ouve no mundo. É claro que nós saímos, viajamos, vamos a shopping centers e visitamos outras pessoas, mas, quando ele for para a escola, estará exposto a valores diferentes."

Algumas vezes, Kelly se preocupa até com as preocupações de Dexter – o medo que o garoto sente de sons no meio da noite, o pensamento de que homens maus entrarão na casa enquanto eles dormem, e assim por diante. Em outras, ela teme que seu estresse o estresse.

"Muitas vezes, ele sente minha tristeza ou apreensão, o que me faz ficar atenta para não as demonstrar diante dele."

Ah, o ciclo de medo, preocupação e culpa em que nos colocamos!

O PESO EM NOSSOS OMBROS

De acordo com pesquisas do Barna Group de 2014, a mulher padrão, que é mãe, sente-se estressada por causa das tarefas que julga ter de realizar.

Há uma nova realidade para as mulheres no século XXI – é um mundo diferente e com objetivos diversos daqueles da geração anterior. As mulheres de hoje não cresceram brincando apenas com bonecas ou minicozinhas e tendo visões idílicas da vida doméstica e da maternidade atrás de uma cerca branca. Elas receberam isso, e também uma pequena maleta médica de plástico e um livro para colorir, repleto de potenciais carreiras para escolher.

"Você pode ser o que quiser, filho." Essa é uma linda mensagem de encorajamento, mas, quando ele se torna adulto, ela, que antes transmitia um sentimento de oportunidade, passa a funcionar como uma panela de pressão. O que antes era "Você pode ter tudo" se torna "Você tem que ter tudo". É preciso ter o trabalho perfeito, o marido perfeito, a casa perfeita, os filhos perfeitos, encontros para brincar e noites de artesanato perfeitas, além de projetos faça-você-mesmo do Pinterest e #nofilter do Instagram.[3]

Fomos informados de que podíamos ter tudo. E *queremos* ter tudo, bem como fazer tudo, proporcionar tudo e realizar tudo certo. Como minha amiga Stephanie Shott afirma em seu livro *The Making of a Mom*: "É bastante difícil ser tudo e fazer tudo quando na verdade se está oprimido por tudo".[4]

Colocamos tanta expectativa em nós mesmas que acabamos nos tornando mães estressadas, carregando cargas insuportáveis. No entanto, Deus não espera que vivamos dessa maneira. Ele nunca tem a expectativa de que façamos tudo. Somos destinados a depender Dele para

---

3 Essa é uma descrição do livro *Wonder Women – Navigating the Challenges of Motherhood, Career, and Identity*, da série "FRAMES", de Kate Harris. Esse produto, oferecido on-line pelo Barna Group, pode ser acessado em <www.barna.org> por meio da busca dos seguintes termos "Wonder Woman". Veja: <http://www.barna.com/?s=Wonder+Women>.

4 SHOTT, Stephanie. *The Making of a Mom*. Grand Rapids: Revell, 2014. p. 12. (*A realização de uma mãe*, tradução livre, ainda sem edição brasileira).

realizar o trabalho pesado. É por isso que Ele nos deu mandamentos como:

- "Parem de lutar! Saibam que eu sou Deus! [...]" (Sl 46:10).
- "Entregue suas preocupações ao SENHOR, e ele o susterá [...]" (Sl 55:22).
- "Venham a mim, todos os que estão cansados e sobrecarregados, e eu lhes darei descanso" (Mt 11:28).
- "Tomem sobre vocês o meu jugo e aprendam de mim [...] Pois o meu jugo é suave e o meu fardo é leve" (Mt 11:29,30).
- "Não andem ansiosos por coisa alguma, mas em tudo, pela oração [...] apresentem seus pedidos a Deus" (Fp 4:6).

Quando depositamos nossa confiança em Deus, para obter ajuda em uma tarefa que, às vezes, parece assustadora, Ele realiza uma obra em nós.

A RAIZ DE NOSSAS INSEGURANÇAS

Há um número de fatores que podem contribuir para nossas inseguranças como pais, tornando-nos mães estressadas.

COMO FOMOS CRIADAS

Muitas mães que entrevistei para este livro se sentiam inseguras acerca de suas habilidades maternais pela maneira como foram criadas. Por exemplo, Kadee, a jovem esposa de um militar em serviço no Japão e mãe de três garotinhas, afirmou que ora pedindo para fazer um "bom trabalho".

"Meus pais não eram religiosos, tampouco os de meu marido, por isso não sabemos realmente o que estamos fazendo quando se trata de criar filhos cristãos", disse Kadee. "Só espero e oro para que façamos o bem a nossos filhos e que eles estejam sendo bem cuidados."

Alguma vez você já olhou para o que não possuía e se perguntou se isso estaria causando alguma deficiência na vida de seus filhos também? Se sua mãe nunca lhe dedicava muito tempo, pode ser natural voltar-se para si mesma e para o seu trabalho, e não passar muito tempo com o próprio filho. Ou, se havia pouca comunicação em seu relacionamento com ela, pode ser difícil conversar com seu filho em um nível mais profundo. Se sofreu abuso, verbal ou físico, pode ter medo de que esses aspectos negativos venham à tona na própria vida materna (exploraremos esse tema adiante, no capítulo 6). Qualquer que tenha sido a sua criação, pode haver um sentimento de que ela impacta sua capacidade de ser uma boa mãe.

AS NECESSIDADES DE NOSSAS CRIANÇAS

Nós também temos a tendência de nos sentirmos inseguras a respeito de nossa capacidade como mães por causa de certas carências de nossos filhos. Talvez você tenha um filho com necessidades especiais, talvez tenha dado à luz gêmeos quando não esperava mais ter filhos, ou talvez tenha uma criança com um temperamento semelhante ao seu ou diferente dele. Talvez tenha adotado uma criança com inseguranças profundas e problemas de abandono com os quais você não sabe lidar. Ou talvez tenha um filho com TDAH,[5] alergias alimentares ou outras condições que requerem grande atenção e se pergunta, às vezes, se será capaz de supri-las. Essas situações, e outras semelhantes, podem intimidar e desencorajar qualquer mãe.

COMO NOSSAS CRIANÇAS ESTÃO SE COMPORTANDO

Além do que foi exposto, também podemos duvidar de nossa capacidade como pais em virtude da maneira como nossos filhos se comportam. Infelizmente, *nenhum* de nossos filhos se porta conforme instruídos 100% do tempo. Toda criança tem vontade própria e fará, às vezes, as coisas mais estranhas, idiotas e brutas. E, ao observarmos horrorizados, tudo o que podemos fazer é suspirar... ou orar. Verifique se você pode se identificar com algumas das seguintes preocupações que, aliás, já ouvi *inúmeras* vezes ao longo dos últimos vinte anos prestando assistência a mães.

> "Não consigo entender uma palavra do que meu filho diz. Como ele vai conseguir ser bem-sucedido na escola?"
>
> "Ele come qualquer coisa horrorosa que encontra no chão. Como vai conseguir viver até os quatro anos de idade?"
>
> "Ele vive com o dedo no nariz. E sempre coloca a meleca na boca!"
>
> "Não sei onde ela ouviu aquela palavra. Certamente não aprendeu em casa!"
>
> "Nunca imaginei que ela faria uma coisa dessas. Não a criei assim."

5 Transtorno de Déficit de Atenção e Hiperatividade (N.E.).

"Não acredito que ela fez outra tatuagem!"

"Tudo o que faço os constrange. Por que isso acontece?"

"Nunca pensei que diria isso a respeito de meus próprios filhos."

"Quem diria que meu filho iria ___________?" (Talvez agora você possa preencher o espaço em branco com a própria experiência inesperada.)

Caso seu filho pareça fora de controle agora, você talvez esteja se sentindo como se não fosse qualificada para o que há de vir no futuro.

O QUE OS OUTROS ESTÃO DIZENDO

Algumas vezes, acabamos nos preocupando com nossas inadequações – ou questionando nossa capacidade como pais – baseados no que outras pessoas dizem para nós ou sobre nós. Jamie, mãe de seis crianças (três dela mesma e três que herdou de seu marido), disse: "Sempre repito para mães, especialmente as recentes, que não há um modo de ser uma boa mãe. Todas nós somos diferentes, assim como todas as crianças também o são. Se houvesse pelo menos uma maneira certa, todos a seguiriam. É fácil se sentir culpada e se martirizar como mãe ou pai. Tudo o que você pode fazer é orar, ler as Escrituras e tomar as melhores decisões possíveis".

DEUS COMPREENDE SUAS PREOCUPAÇÕES

Quando se trata de como você foi criada, das necessidades de seu filho e da tarefa aparentemente difícil a sua frente (cuidar de um bebê, uma criança, um adolescente ou um jovem adulto), estou certa de que já ouviu de pessoas bem-intencionadas que Deus lhe deu aquela criança "porque Ele sabia que você poderia lidar com essa tarefa".

No entanto, não vou sugerir que Deus "sabia que você poderia lidar com ela" e, por isso, deu-lhe os filhos que tem. Isso implicaria haver algo intrinsecamente grande em você, e em mim, que nos permite ser mães incríveis. Em vez disso, atrevo-me a dizer: "Deus sabia que você não seria capaz de criar seu filho sem Ele", por isso o colocou sob seus cuidados (e a tornou a mãe que é) a fim de que se apoiasse e dependesse Dele em cada passo do caminho.

Esse, minha amiga, é o primeiro segredo para se tornar uma mãe sem estresse: depender diariamente Daquele que sabe de todas as coisas e em quem você tudo pode (Fp 4:13).

A FONTE DE NOSSA CONFIANÇA

Todos nós vivenciamos algum tipo de experiência ou transtorno em nosso passado. (Pense nisso – que família é realmente 100% *funcional*?) E todas as nossas crianças, em certo momento, demandam alguma necessidade especial, precisam de tempo adicional ou se comportam mal (e não importa a idade!). A realidade da vida é que eu e você, e também nossas crianças, somos seres perdidos que passamos por tentações, tomamos decisões equivocadas, vivemos períodos de revolta, e assim por diante. No entanto, aqui está sua segurança: Deus não apenas a escolheu para ser a mãe de seu filho (seja por nascimento ou adoção), mas também sabe exatamente com o que você luta em relação ao tipo de filho que Ele lhe deu. E possui até uma forma de orquestrar as circunstâncias em que ambos vivem para que você aprenda a se unir a Ele a fim de atravessar essa jornada.

Por toda a Bíblia, há histórias de como Deus escolheu indivíduos aparentemente incapazes de realizar grandes tarefas, as quais podem nos encorajar, mostrando que Ele pode fazer o mesmo em nossa vida.

Moisés, por exemplo – o bebê hebreu que ficou à deriva no Rio Nilo para que escapasse de ser morto pelos egípcios, e foi resgatado pela filha do faraó com o intuito de ser criado como membro da realeza no palácio. Ele foi escolhido para ser o libertador do povo hebreu. No entanto, tal escolha não ocorreu por ele ter sido educado no Egito e ter laços estreitos com o faraó. Deus o escolheu *depois* de ele estar longe do Egito por quarenta anos, pastoreando ovelhas, quando já o conhecia melhor. Na verdade, Moisés dizia não ter o "dom da fala" (o que pode significar que ele gaguejava ou não falava bem em público), e, ainda assim, *tornou-se* o porta-voz de Deus para o intimidador faraó do Egito.

Moisés não era um mestre de cerimônias profissional. Não era alguém totalmente confiante em suas habilidades. Talvez por isso Deus o escolheu. Na verdade, a Escritura (Nm 12:3) o denomina "a mais humilde de todas as pessoas na face da terra" (na Bíblia Versão do Rei James ele é chamado de "mui manso"). Entretanto, se eu fosse atribuir a alguém a tarefa de libertar centenas de milhares de pessoas das mãos de uma nação poderosa e opressora, não escolheria exatamente o homem mais manso que conhecesse. Ainda assim, Deus queria alguém que *dependesse por completo* Dele para a tarefa em questão. Queria alguém que admitiria prontamente que o poder não era dele, mas de Deus. Queria um ser humano incapaz de uma tarefa sobre-humana.

Por isso, Ele escolheu um vaso fraco no qual poderia despejar Sua vasta força.

Acredito que Deus quer fazer o mesmo com você e comigo. Creio que Ele quer que você dependa completamente Dele na criação dessa criança voluntariosa, cheia de necessidades, com déficit de atenção, birrenta ou que coloca seus nervos à prova.

No entanto, há certos momentos em que nos perguntamos se Deus percebeu o que estava fazendo quando nos tornou mães.

FASES DE DÚVIDA

Kadee sentiu o peso da pergunta "O que eu fiz de errado?" quando sua segunda filha, Lily, estava com dois anos de idade e foi diagnosticada com "atraso de crescimento".

A pequena Lily não estava ganhando peso tão rápido como deveria para sua idade, de acordo com a tabela usada por profissionais da medicina que determinam a altura e o peso ideal para várias faixas etárias.

"Sinto-me uma mãe horrível", disse-me Kadee quando recebeu a informação. Ela, no entanto, não era uma mãe horrível. Tinha duas garotinhas com treze meses de diferença. A mais velha comia de modo voraz, e a menor, não. Lily não reclamava de não receber bastante comida e certamente não estava morrendo de fome; apenas não se adequava a uma determinada tabela de crescimento. E em virtude de a menina não fazer um estardalhaço, não estar doente e aparentemente não passar fome, sua "condição" passou despercebida.

O médico prescreveu uma dieta especial e um acompanhamento rigoroso do quanto Lily comia. A família alterou drasticamente sua rotina de refeições para garantir que ela consumisse uma quantidade apropriada dos tipos certos de alimento. No período de um mês, Lily ganhou peso adequadamente e a pressão diminuiu dia a dia. Kadee agora tem uma terceira filha e recentemente me contou que, quando a pequena Eliza completou dois anos, também foi diagnosticada com "atraso de crescimento" e que lhe orientaram a seguir a mesma rotina outra vez.

Ouvi a mesma história repetidas vezes – uma situação comum nos anos de desenvolvimento dos bebês, a qual é facilmente remediada, mas, ainda assim, as mães se sentem culpadas com ela, e não notam que muitas outras crianças passam pela mesma fase de "desinteresse em comer".

FASES DA VIDA

Muitas de nossas inseguranças sobre a maternidade/paternidade surgem porque nos encontramos em situações novas ou diferentes. Como resultado, nós nos sentimos como em uma circunstância que ninguém entenderá ou pela qual ninguém passou. No entanto, a Escritura, em Eclesiastes 1:9, diz-nos que não há nada de novo debaixo do sol.

Durante os primeiros anos da adolescência de minha filha, lembro-me de ter dito – cheia de frustração – "Não sei como fazer isso. Nunca fui mãe de uma adolescente antes!". (Ouvir isso deve ter sido realmente confortador para ela, você não acha? Ter uma mãe que admite não saber como agir. Ou então lhe passou a impressão de ter alguma vantagem sobre mim.) Naquele dia, entrei em meu escritório, fechei a porta, prostrei-me no chão e invoquei o Senhor – o Pai Perfeito –, que caminhou na minha frente por todas as fases da vida de minha filha, e me acompanhará nas fases da maternidade que ainda vivenciarei. Foi quando procurei o *Deus que conhece o futuro* para me auxiliar a cada dia.

Criar nossos filhos é ajudá-los a atravessar as mudanças e fases da vida. Algumas vezes, no entanto, elas podem nos deixar desorientados e nos fazer questionar nossa capacidade e eficiência como pais. Felizmente, temos um Deus que sabe com exatidão o que está por vir, um Deus que caminhará conosco por essas circunstâncias e nos lembrará de que isso também vai passar.

Eclesiastes 3:1 nos diz que: "Para tudo há uma ocasião certa; há um tempo certo para cada propósito debaixo do céu". Os sete versículos seguintes listam "tempo de nascer e tempo de morrer, tempo de plantar e tempo de arrancar o que se plantou, tempo de matar e tempo de curar, tempo de derrubar e tempo de construir", e assim por diante.

Veremos essa passagem mais detalhadamente no capítulo 4, quando compartilharei percepções de como preservar sua sanidade durante as diferentes fases da vida de seus filhos. Por enquanto, porém, quero encorajar seu coração com o seguinte: haverá momentos em que você duvidará de sua capacidade como mãe, e outros em que se sentirá muito confiante. Haverá momentos em que irá falhar lastimosamente, e outros em que acertará. O importante a ser lembrado é que, por meio de tudo o que você enfrenta, há um Deus Constante, que será uma rocha firme e inabalável à qual você pode se agarrar quando tudo começar a girar ao seu redor.

CONFIE NA FIDELIDADE DELE

Quando seu filho passar por diferentes fases de birra, mau comportamento, envergonhar-se diante de você, sofrer de irritabilidade inexplicável, mau humor e mudanças de hormônios, lembre-se do seguinte: você tem um Deus que nunca muda. O ouvido Dele está sempre inclinado na direção de sua voz. Os braços Dele estão sempre abertos para recebê-la. As palavras de sabedoria Dele estão sempre presentes para ajudá-la. Normalmente, quando mudanças acontecem, nós nos sentimos desconfortáveis porque algo é inesperado ou nos pega de surpresa. Entretanto, se você pensar bem, nossas vidas são cheias de mudanças – mudanças de emprego, de casa, bairro, igreja, computador (ao atualizá-lo e aprender um novo sistema), telefone (e perder todos os seus contatos). E, oh, como as mudanças às vezes podem nos fazer sentir como se estivéssemos enlouquecendo! A não ser que você esteja firmemente enraizada Naquele que nunca muda.

As Escrituras afirmam que Deus é o mesmo de geração em geração. Ele *não muda como sombras inconstantes* (Tg 1:17). Ele é uma rocha inabalável. E Sua sabedoria, compaixão e estabilidade estão sempre presentes para nós quando não sabemos absolutamente o que fazer.

Por isso, embora haja um tempo para chorar e um tempo para rir, Ele estará lá a fim de nos confortar quando precisarmos de consolo. E, embora haja um tempo para lamentar e um tempo para dançar, Ele estará lá a fim de sofrer e celebrar conosco também. Do mesmo modo, embora haja um tempo para espalhar pedras e um tempo para juntá-las, Ele estará lá nos dando o conhecimento a fim de saber em que estação estamos e como podemos passar por ela. Sou muito agradecida que o Eclesiastes 3:1-8 não inclui "um tempo para receber a ajuda de Deus; e um tempo para depender apenas de nós mesmos". Pelo contrário, *toda* estação é um tempo em que devemos buscar Deus e Seu auxílio.

As Escrituras nos asseguram em todos os versículos do Salmo 136 que "o amor de Deus dura para sempre". Isso significa que Seu caráter nunca mudará. Ao contrário de seu filho, Deus nunca passará por uma fase em que está mal-humorado, desmotivado, indiferente, temperamental ou recusando-se a ajudar. Uma vez que o Pai não passa por fases, você pode depender Dele como uma âncora firme quando tudo em volta estiver mudando e você se sentir em pânico.

Deus sempre sabe o que está fazendo na vida de nossas crianças. E, aprenda: Ele sempre sabe o que está fazendo na sua vida também. Então, deixe que esse Deus da Estabilidade a ajude a se tornar uma mãe o mais equilibrada possível durante todas as mudanças na vida de seus filhos. Se você ainda não o faz, eu garanto que estará se perguntando repetidamente: "Estou fazendo isso da forma certa?". No entanto, você e eu não temos mais de fazer essa pergunta. Não precisamos nos perguntar se temos a fórmula certa, o conjunto certo de regras, o conselho certo, a personalidade certa ou as respostas certas. Nós temos o Deus certo. Ele é poderoso. Ele conhece tudo, e dá sabedoria e generosidade a qualquer um que peça (Tg 1:5). Por isso, ao olhar para Ele e Sua Palavra, podemos obter toda a ajuda de que precisamos, livrando-nos de todas as razões que nos preocupam.

SEU PRÓXIMO PASSO

Na introdução deste livro, começamos com o ABC: (1) admita que você não está no controle; (2) busque nunca duvidar de que Deus quer apenas o melhor para você e seu filho; e (3) comprometa-se a ter um conhecimento mais profundo sobre Ele. Seu próximo passo é seguir as instruções em Filipenses 4:6,7.

Não se aflija com nada; em vez disso, ore a respeito de tudo. Conte a Deus as suas necessidades, e não se esqueça de agradecer-Lhe as respostas. Se fizer isso, você terá experiência do que é a paz de Deus, muito mais maravilhosa do que a mente humana pode compreender. Ela guardará o coração e a mente de vocês em Cristo Jesus. (Nova Bíblia Viva)

Não se preocupar com nada e, em vez disso, orar para tudo é mais fácil na teoria do que na prática. Você pode estar se perguntando: *como vou encontrar tempo para orar? E como saberei se estou orando o bastante? Como vou me lembrar de orar para tudo? Como não desanimar se oro e nada parece acontecer? Além disso, às vezes é difícil orar.*

Você está certa. Às vezes, orar é difícil. Mas, provavelmente, não pelas razões em que você acredita. Não é por você não dizer as palavras certas, não ter técnicas certas ou não reservar um lugar perfeito para orar. Nosso Pai Celestial nos diz que, quando nos aproximamos Dele, podemos ficar confiantes – a qualquer tempo – e Lhe pedir o que precisamos, tendo a certeza de que Ele nos ouve (1Jo 5:14,15). No entanto, há um inimigo de nossas almas que não quer que oremos. Ele tenta nos distrair, nos desencorajar e nos fazer acreditar que nossas orações são ineficazes e apenas desperdício de tempo.

Ainda assim, orar é uma das coisas mais eficientes que você pode fazer para seu filho. Ela sem dúvida tem mais peso – e produtividade – do que se estressar. Deus quer que falemos com Ele sobre nossas crianças, nossas preocupações e nossas esperanças e sonhos em relação a elas. É a maneira de abrirmos a porta e deixá-Lo fazer parte das decisões diárias – e ansiedades – da maternidade/paternidade.

O escritor Robert Jeffress faz duas observações sobre a oração: (1) você sempre vai lutar com ela; e (2) você não precisa ser bom para orar, para que o resultado seja eficaz.

Jeffress explica que Paulo usou as palavras "unam-se a mim na luta pela oração" quando escreveu aos cristãos em Roma (ver Romanos 15:30) porque a oração constituía, na verdade, uma luta. "Quando oramos, estamos, primeiramente, lutando contra um inimigo que está determinado a nos destruir", diz Jeffress.[6]

Satanás sabe o quão eficazes são nossas orações. Em Tiago 5:16, temos: "[...] A oração de um justo é poderosa e eficaz". Satanás sabe o quanto o Deus vivo e Todo-Poderoso inclina Seu ouvido para ouvir os pedidos dos Seus filhos e, por isso, fará qualquer coisa para distraí-los, desencorajá-los ou retardar seu momento de orar. Ele fará com que você queira desistir antes de começar. Ou sinta-se oprimido e pense: *há tanto pelo que orar que não sei por onde começar* ou *Deus sabe o que vou dizer de qualquer maneira, por isso vou deixá-Lo ler a minha mente.* (Eu sei, esse é um pretexto ridículo – que, na verdade, em mesma já usei várias vezes.) E, é claro, Satanás nos persegue com este pensamento: *você não é boa para orar, então não pense que Deus vai ouvi-la.*

Garanto que você encontrará dificuldade em reservar momentos para orar, em ter confiança para orar, em saber sobre o que orar e se perguntar se está orando bem o bastante ou da forma correta.

No entanto, é aí que a beleza da segunda observação de Jeffress aparece: *você não precisa ser bom para orar a fim de que sua oração seja eficaz.*

Ainda em seu livro, Jeffress cita o exemplo de Paulo e Silas na prisão. Eles pediram aos cristãos romanos que orassem por sua libertação. Aparentemente, eles oraram, mas é claro que não estavam convencidos de que suas

---

6 JEFFRESS, Robert. *I Want More!* Colorado Springs: WaterBrook, 2003. p. 106-7 (*Eu quero mais!*, tradução livre, ainda sem edição brasileira).

orações teriam qualquer efeito. Deus, então, provocou um terremoto nas imediações da prisão, o que resultou na fuga de Paulo e Silas. Ao chegarem à porta do local onde um pequeno grupo orava por sua libertação, os que estavam reunidos não queriam permitir a aproximação dos dois. Não acreditavam que eram eles! Que tal essa falta de fé e poder na oração?

E, ainda assim, Deus libertou aqueles dois homens... apesar da falta de fé, da falta de zelo e da falta de esperança demonstradas por aqueles que oravam.[7]

Isso é muito encorajador para mim. Mostra que nós temos esperança também. E, quando proferirmos: "Jesus, me ajude, por favor", Ele o fará. E, quando dissermos: "Não sei o que fazer com essa criança, por favor, interfira!", Ele o fará. E, quando estivermos quase perdendo o juízo e cheios de tristeza por causa das escolhas de nosso filho, Ele nos ouvirá plenamente, conferindo-nos a paz que ninguém mais poderia dar. A resposta de Deus pode não vir da maneira que você espera, mas Ele receberá sua oração e fará algo com ela.

Se você estiver pensando: *mas eu já tentei orar e não consegui muito* ou *não sou boa para orar*, fique certa disto: a oração não apenas muda muito, ela nos muda.

De acordo com Filipenses 4:6,7, a oração é o que traz paz a nossos corações. Ainda que Deus já saiba o que você vai dizer, Ele quer que você ore em virtude da paz que acompanha seu coração, sua mente e sua alma, quando estiver na presença Dele. Como Deus é amoroso, não deseja nos privar da linda, repousante e calma experiência de comungar com Ele.

---

7 JEFFRESS, (*Eu quero mais!*, tradução livre, ainda sem edição brasileira). p. 107.

TORNANDO-SE ATIVA NA ORAÇÃO

Aqui está a palavra O-R-A-R soletrada em ações que podem começar a ser incorporadas a sua vida agora mesmo, a fim de lhe proporcionar a paz de que precisa como mãe/pai.

O – ORAR PARA COMUNGAR COM DEUS, E NÃO PARA RECEBER O QUE QUER

Você fala continuamente com Deus, ou ora apenas quando as coisas dão errado ou quando precisa de ajuda? Ao desenvolver uma comunicação diária com Ele, ter confiança será tão fácil como respirar. Ela fará parte de você, como um amigo próximo. E a preocupação – aquele sentimento profundo e apavorante de ansiedade sobre o que vai acontecer – logo se tornará um estranho que não a importuna mais.

É o que você quer – uma espécie de relacionamento diário no qual a comunicação e a confiança em Deus são seus amigos mais íntimos e a preocupação se torna um estranho distante.

R – RECORRA À AJUDA

Rebecca, mãe de duas garotinhas (de quem você ouvirá mais vezes no próximo capítulo), disse: "Como a maioria das mães que conheço, passo metade do tempo apavorada, me perguntando: *qual é a resposta, plano ou resultado certo?* Mas sou incrivelmente abençoada por outras esposas e mães cristãs de minha igreja, as quais estão sempre dispostas a voltar atrás e ajudar uma irmã que precisa – compartilhando a verdade de Deus, aconteça o que acontecer, me dando a certeza de que não estou sozinha. Satanás nos quer isoladas e inseguras; Deus nos quer sob o esplendor de uma comunidade de mulheres que passaram pelos mesmos problemas e desejam compartilhar o que Ele lhes ensinou". E Kadee, que já conhecemos neste capítulo, afirmou que as instruções e a sabedoria de outras mães a ajudaram bastante: "Sou a primeira geração cristã de minha família, com exceção de meus bisavós, por isso tenho muito que aprender como mãe cristã. Mas Deus é fiel e proporcionou a mim os líderes e amigos certos para me ajudar a atuar da forma correta com meus filhos".

Há uma comunidade de mães conselheiras que podem ajudá-la (e com as quais você também pode contribuir)? Se não houver, aqui vão algumas sugestões[8]:

- se seus filhos estão em idade pré-escolar, encontre um grupo de mães em uma igreja com escola bíblica de sua comunidade, por exemplo. Esses grupos são repletos de encorajamento, suporte e ajuda prática;
- torne-se parte da comunidade on-line The Laundry Moms,[9] que proporciona encorajamento e apoio a mães. Você não encontrará apenas artigos úteis e lembretes diários de temas importantes, mas também a recepção de mães amorosas e experientes que estão sempre disponíveis. A comunidade The Laundry Moms também está no Facebook e no Twitter;

---

8 Estas sugestões da autora correspondem à comunidade onde ela se encontra, em inglês (N.E.).

9 Site de um grupo de donas de casa que se ajudam mutuamente (tradução livre) – Site: <http://www.thelaundrymoms.com> – em inglês (N.T.).

- conheça mais sobre a MOM Initiative (a abreviação MOM significa Mothers on a Mission to Mentor Other Mothers).[10] Essa organização, criada por minha amiga Stephanie Shott, oferece fontes e orientações bíblicas que proporcionam às conselheiras e às líderes de pequenos grupos a confiança, a coragem e a coletividade de que precisam para se conectarem com outras mães;[11]
- você é mãe solteira? Confira o SMORE (Single Moms Overjoyed, Rejuvenated, & Empowered!),[12] uma aliança de mulheres piedosas cujo objetivo é incentivar as mães solteiras a atingir todo o seu potencial. Esse dinâmico grupo de mulheres solidárias, com sede no Texas, reúne-se anualmente para retiros que oferecem às mães amorosas tempo com outras mulheres que entendem as pressões e preocupações enfrentadas por elas;[13]
- e, finalmente, procure artigos, conselhos, incentivos diários e outras mães como você, que estão seguindo o "Worry-Free Challenge" em minha página do Facebook: Worry-Free Moms.

---

10 Mães com a Missão de serem Mentoras de Outras Mães (tradução livre) – site: <http://www.themominitiative.com> – em inglês (N.T.).

11 Mais sobre *The Mom Initiative*, veja <www.themominitiative.com> ou envie um e-mail para Stephanie Shott em <stephanie@themominitiative.com>. E ainda no Facebook em <www.facebook.com/TheMOMInitiative> e no Twitter em: <@themominitiative>.

12 Mães Solteiras Felizes, Revitalizadas & Empoderadas! – tradução livre (N.T.).

13 Para mais informações sobre o SMORE, veja <www.smoreforwomen.org> ou entre em contato com Gail Showalter em <singelmoms@smoreforwomen.org>. Seu blog pode ser encontrado em <www.moreforwomen.wordpress.com>.

A – ALMEJE, EM SEUS PEDIDOS A DEUS, A SABEDORIA, E NÃO NECESSARIAMENTE RESPOSTAS

Oswald Chambers escreveu: "O anseio espiritual me faz exigir uma resposta de Deus em vez de esperar que Ele mesmo as dê... Sempre que exigimos que Ele deve nos dar as respostas a nossas orações estamos equivocados. O propósito da oração é nos unir a Deus, e não obter uma resposta".[14]

Nós aprendemos a pedir sabedoria diariamente a Deus, a fim de termos o entendimento Dele, e não o nosso. É como consultar aquela voz interior que sabe melhor do que você como lidar e reagir diante das questões pais-filhos e das preocupações.

R – ROGUE PARA CAMINHAR MAIS PERTO DE DEUS

Estou convencida de que todo relacionamento com o qual nos importamos, cada área na qual desejamos ser bem-sucedidos, tudo que significa algo para nós se resume a quão conectados estamos a Deus. Ao aprendermos a amá-Lo, estamos habilitados a amar os outros. Ao servi-Lo, estamos capacitados a servir os outros. Ao valorizarmos Sua opinião a nosso respeito em relação aos outros, somos capazes de nos relacionarmos de modo melhor e mais maduro com nossos filhos, especialmente à medida que envelhecem. Ao desejar conhecê-Lo mais, agradá-Lo mais em todos os aspectos, sua atuação como pai/mãe será influenciada.

---

14 CHAMBERS, Oswald. *My utmost for His highest: An updated edition in today's language* [Editado por James Reimann]. Grand Rapids, MI. Discovery House. 7 de fevereiro. (CHAMBERS, Oswald. *Tudo para Ele*. Belo Horizonte: Editora Betânia, 1988.)

No entanto, acima de tudo, quando se inclina para mais perto de Deus e vê o que Sua Palavra diz sobre quem Ele é e o que é capaz de fazer, você viverá com confiança em vez de com medo, transformando-se em uma mulher e mãe sem estresse, cheia de sabedoria.

PARCERIA COM DEUS

Espero que você esteja preparada para abandonar sua culpa e inseguranças, e reconhecer que é parte de um time em que a paternidade principal vem de Alguém que jamais erra. Afinal, a paternidade é uma parceria. Quer admitamos ou não, o Deus soberano do universo sabe o que acontecerá no futuro de suas crianças. Ele sabe o que elas se tornarão, como contribuirão com este mundo e muito mais. Você quer ser parte dessa viagem emocionante? Associe-se a Ele agora... nunca é tarde. E Ele a carregará pelos dias – e anos – que virão.

COLOCANDO EM PRÁTICA: UMA ORAÇÃO PARA SE ASSOCIAR A DEUS

Meu Deus, obrigada pelo(a) filho(a) que me deste. Obrigada por me atribuir essa tarefa, sabendo muito bem que eu precisaria de Ti para realizá-la. Entrego ao Senhor minhas inseguranças, minhas confusões, minhas fraquezas e até mesmo as coisas em que eu acredito ser realmente boa, sabendo que irá trocá-las por Tua confiança, sabedoria e força. Entrego-me a Ti – não pensando que "Eu farei minha parte, e o Senhor fará a Tua", mas "Entrego-me completamente ao Teu controle".

Perdoe-me por meu desejo de controlar, o qual resulta em minha preocupação. Ajuda-me a me lembrar de que És Deus em tudo. E, não importa o que decidas fazer de agora em diante – na minha vida e na de meus filhos –, eu confio em Ti. Que a aventura comece.

TORNANDO-SE UMA MÃE SEM ESTRESSE – NA COMUNIDADE

Para análise ou discussão: em que áreas do exercício de seu papel de mãe você mais se perguntou: *estou fazendo isso da forma certa?*

1. Leia os versículos seguintes e registre qualquer conhecimento que adquira sobre como Deus pode encorajá-la ou auxiliá-la como mãe:

SALMOS 22:19

SALMOS 25:4,5

SALMOS 31:3

SALMOS 121:2,3

PROVÉRBIOS 3:5,6

FILIPENSES 4:6,7

JOÃO 5:14,15

2. De quem você pode se aproximar que já tenha passado pelo caminho da maternidade? Como pode chegar até ela ou elas esta semana?

____

____

____

____

3. Leia Tiago 5:17. Em que áreas você precisa pedir sabedoria a Deus?

____

____

____

____

4. Há algo que você possa fazer, começando hoje, para se aproximar de Deus?

____

____

____

____

2º SEGREDO

Percebendo que Deus é capaz de controlar o que você não é

CAPÍTULO 2

TENHA CUIDADO

Becky nunca imaginou que a "muito esperada" reunião de verão em sua casa, para Jacob e seus amigos, iria se tornar o ponto mais importante e marcante da vida dele – e claramente o mais assustador da dela.

O filho de dezessete anos de Becky, Jacob, havia convidado um grupo de amigos e seu time de futebol para irem a sua casa de campo a fim de desfrutarem um dia de diversão ao ar livre, o qual culminou em uma fogueira e um disparo de canhão que ele e os amigos fizeram. A família tinha solicitado e recebido todas as permissões necessárias para a atividade. Vinte adolescentes e cinco adultos estavam presentes, todos se divertindo bastante, até que Jacob preparou o canhão e o tiro falhou.

A pólvora explodiu no rosto, no peito, no braço direito e na mão do rapaz. Ele foi lançado em um voo para trás pela força da explosão antes de cair com o abdômen para baixo.

"Todos pensamos que Jacob estava morto, pois ele ficou deitado, completamente parado", lembrou Becky. "De repente, ele se virou e deu um suspiro, como a primeira respiração de um recém-nascido. Havia fogo em seu peito, por isso a irmã arrancou sua camisa e os soldados que estavam no grupo derramaram água em sua cabeça, pois o rosto estava coberto de queimaduras da pólvora e os olhos encontravam-se inchados, pretos e queimados".

Um helicóptero levou Jacob a uma unidade de queimaduras, onde ele foi internado e começou a receber tratamento. O rapaz não conseguia ver nada, e seu olho direito fora severamente afetado. A família recebeu a informação de que seria "fácil" lidar com as queimaduras de pólvora, mas os médicos não sabiam se ele recuperaria a visão.

Vou deixar para Becky a descrição de como ela se sentiu durante aquele período terrível:

"Eu estava *preocupada*. Jacob tinha um medo excessivo de escuro. Temíamos que ele ficasse na escuridão pelo resto da vida. Acreditávamos que seus sonhos para o futuro seriam interrompidos. E nos perguntávamos se ele ficaria desfigurado para sempre.

Eu estava *estressada*. Nós não tínhamos plano de saúde na época, e o tratamento na unidade de queimaduras custaria seis mil dólares por dia. Estávamos em uma cidade longe de casa durante a internação. Meu marido e eu precisamos tirar folga do trabalho para ficar com ele.

Eu estava *temerosa* pela vida de Jacob, por seu bem-estar emocional, sua visão e sua fé em Deus... que poderia vacilar naquele momento."

No entanto, apesar dos medos e das preocupações de Becky, nem o filho nem sua família estavam sozinhos ou sem esperança durante aquela provação.

"E, então, Deus entrou!", disse Becky, descrevendo o rumo dos acontecimentos que se seguiram.

"A partir do momento da explosão, Deus interveio na situação. A força do estouro fez com que Jacob parasse de respirar, o que, como descobrimos mais tarde, evitou que a pólvora entrasse nos pulmões dele e causasse problemas mais sérios. Ao saber disso, sentimos a paz que vinha da descoberta de que Deus estava realizando Seu plano por meio de tudo aquilo. Amigos queridos nos trouxeram roupas e travesseiros, e ofereceram a própria casa para repouso e banho.

Acima de tudo, notamos a ausência de raiva e amargura em nosso filho de dezessete anos de idade. Jacob era agradável e amigável com a equipe, e muitos visitantes iam até lá para encorajá-lo. Aquele era, na verdade, seu estado normal, mas nós nos perguntamos se sua condição o afetaria, tornando-o irritável. Ele permaneceu esperançoso diante das outras pessoas, mas, durante a noite, me perguntava:

– Mãe, e se eu nunca mais voltar a enxergar?

Quando deixamos o hospital, o olho direito dele estava caído e tinha uma aparência 'azul-opaca'. Jacob não conseguia enxergar com ele e usava óculos escuros ao sair de casa. Como seu olho esquerdo não era forte, sua percepção estava alterada."

E, ainda assim, Deus sabia o que estava fazendo na vida e no coração de Jacob... e no coração de todos de sua família.

"Deus curou completamente aquele olho cego no período de dois meses", disse Becky. "Notávamos melhoras quase todos os dias. Quando pôde enxergar pela primeira vez, ele não via as cores. Então, gradualmente começou a distinguir cores e detalhes. Voltou para a escola com lentes corretivas. Ao ser liberado pelo oftalmologista, sua visão estava 20/20[15] nos dois olhos! Originalmente era 20/13.

15 Visão normal.

Jacob tem algumas cicatrizes permanentes em virtude das queimaduras de pólvora... elas são não apenas lembranças constantes para nos recordar da bondade, da providência e da paz de Deus, mas também um testemunho do que Ele fez na vida de meu filho para todos aqueles que as veem e perguntam a respeito delas."

O acidente de Jacob abalaria qualquer mãe, e, ainda assim, o que no princípio toda a família considerou um acidente agora é encarado como parte do plano divino de Deus para mostrar Seu amor e misericórdia. Todos eles vivenciaram uma experiência pessoal e próxima com Deus, sentiram Sua mão protetora durante a provação e viram Sua capacidade de transformar aquela situação em algo bonito.

Becky se preocupou durante a provação? Sem dúvida. No entanto, Deus sabia claramente o que estava fazendo – e Ele também o sabe na vida de *seu* filho e de sua família.

O PROTETOR INVISÍVEL DELES

Geralmente, julgamos que, se nossas crianças encontrarem algum perigo, não será em nossa casa. Pelo contrário, acontecerá em outro lugar ou quando estiverem fora fazendo algo que não deviam. Entretanto, como Becky descobriu, situações perigosas podem ocorrer bem embaixo de nosso nariz – lembrando-nos de que não estamos tão no controle da vida e do ambiente de nossas crianças como gostaríamos.

É por isso que confiamos em nosso Protetor Invisível, que tem todas as situações sob controle, quer acreditemos que estamos em segurança ou quer nos achemos repentinamente atingidos pelo perigo.

"ELA VAI FICAR BEM"

Meu marido, Hugh, jamais gostou de me ouvir dizer para Dana: "Tenha cuidado".

"Ela vai ficar bem", ele sempre diz depois de minhas advertências. Diversas vezes, Hugh me explicou que não queria que nossa filha crescesse tímida ou com medo de experimentar coisas novas.

E muitas vezes eu expliquei a Hugh que é natural uma mãe advertir o filho e se preocupar com o bem-estar dele.

Quando Dana estava com quatro ou cinco anos de idade, nós a levamos ao Monumento Nacional de Muir Woods,[16] perto de São Francisco. Ela tentava se aproximar de dois garotos da mesma idade que corriam sobre troncos, subindo e saltando de pedras, e realizando grandes façanhas.

Estávamos tendo um ótimo dia, mas... cada vez que Dana escalava ou corria sobre um tronco coberto de musgo (leia-se: escorregadio), eu gritava: "Tenha cuidado, Dana".

Depois de minha terceira ou quarta advertência, Hugh já estava farto.

– *Pare* de se preocupar, Cindi. Ela *não* vai cair e se machucar!

– Você não *tem certeza* disso, Hugh – respondi, um pouco nervosa em virtude de ele continuar a me repreender por ser uma mãe cautelosa. – Ela pode facilmente cair e se machucar. Só quero que vá mais devagar para que isso não aconteça.

– Ela vai ficar bem – retrucou Hugh, com mais nervosismo na voz por precisar falar novamente.

No entanto, assim que essas palavras saíram de sua boca, ouvimos um grito. Nós nos viramos bem a tempo de

16 Monumento localizado no Parque Nacional da Califórnia (N.E.).

ver Dana escorregar de um tronco, cair de alguns metros de altura, e depois descer rolando, cerca de quatro metros, por uma encosta repleta de arbustos e mato.

Meus instintos de salvamento entraram em alerta e, enquanto corria na direção dela, eu temia o pior. Imaginava algumas costelas quebradas, escoriações e cortes feitos pelas pedras e – ainda pior – um traumatismo por causa da queda.

Alcancei-a primeiro, aliviada ao ver que minha filha parecia relativamente ilesa. Estava choramingando e aparentava sentir-se abalada pelo tombo. Eu podia notar que ela lutava contra as lágrimas para não chorar na frente dos garotos dos quais estivera tentando se aproximar.

Hugh chegou logo depois de mim e disse:

– Que *grande* tombo, Dana! E a sua descida rolando foi *impressionante*. E, olhe, nem se machucou!

Com isso, ela sorriu, recuperou a confiança, sacudiu a sujeira das roupas e começou a subir a encosta para se juntar aos garotos.

– Viu? – perguntei a Hugh. – É *exatamente* por isso que eu estava dizendo a ela para ter cuidado!

– E você viu? – retrucou Hugh. – Ela não se machucou, não é? Ela está *bem*!

Daquele dia em diante, percebi que Hugh poderia facilmente estar errado sobre a teoria “ela vai ficar bem”. Dana poderia ter batido a cabeça em uma pedra quando caiu, ou lesionado o olho em um galho enquanto rolava, mas isso não aconteceu. E eu agradeci a Deus durante o resto da tarde por ela ter sido protegida de meus maiores temores durante aquela queda assustadora.

Naquele dia, fui lembrada mais uma vez de que nossas crianças estão nas mãos de Deus. Assim, quer se machuquem ou não, Ele estará lá para amortecer a queda e colocá-las de pé novamente.

O QUE ELA ESTÁ FAZENDO?

Chery se lembra de ter se preocupado com a filha em duas situações que pareciam extremamente perigosas.

"Nossa filha, Chrystal, é uma amazona talentosa", afirmou Chery. "Ela nasceu com esse dom. Fui muito criticada pela família e amigos por encorajá-la a seguir uma carreira tão perigosa. Ela também é muito boa com crianças e as pessoas não conseguem entender por que eu não a incentivo a seguir esse caminho. Sempre fui firme em minha convicção de que Deus deu a ela esse dom e, portanto, espera que a apoiemos para desenvolvê-lo. No entanto, comecei a me questionar a respeito disso quando ela estava com cerca de doze anos. Chrystal adorava 'ficar' em um rancho cerca de um quilômetro e meio de nossa casa. Tinha aulas lá e sua treinadora rapidamente percebeu o talento dela. Começou a deixá-la passear depois das aulas, ensinou-a a alimentar os cavalos e a fazer outros serviços. Então, ela me perguntou se Chrystal podia ir ajudá-la aos sábados. Assim, eu a deixava lá às nove da manhã; quando ia buscá-la às cinco da tarde, ela me perguntava desapontada:

– Por que chegou tão cedo?

Um dia, quando cheguei para apanhá-la havia um grande burburinho. Todos se dirigiam para a arena.

Eu perguntei:

– O que está acontecendo?

Um dos internos disse:

– Você precisa ver! Chrystal está montando o Esprit!

Esprit era um cavalo que *ninguém* montava, exceto a treinadora. Ele era perigoso, de personalidade forte e imprevisível. Eu repentinamente congelei de medo. Senti meu coração pular para a garganta, uma onda de náusea e um sentimento de raiva pela treinadora, seguido por um apelo a Deus a fim de que mantivesse minha filha em segurança. Abri caminho para frente da multidão e vi a mais linda união de cavalo e cavaleiro galopando em torno do picadeiro. A paz de Deus me banhou. Olhei para o rosto de Chrystal e percebi que ela estava em 'êxtase' – completamente alheia ao que se passava ao seu redor, e profundamente imersa em sua conexão com Esprit. Ver minha filha naquele cavalo era como ver uma obra de arte em movimento.

Afastei-me, agradecendo a Deus pelo presente do que vi, pelo presente para Chrystal, e por me conceder a Sua paz. Eu sabia que aquela não seria a última vez que ela montaria o Esprit. Nem que estaria em uma situação perigosa. Por isso, aquela oração especial de agradecimento a Deus se tornou parte de minha vida, uma vez que permaneci confiando Nele para protegê-la durante seu trabalho com cavalos.

Depois de cerca de três semanas, quando fui buscá-la, ao caminhar para o corredor do estábulo, ouvi uma grande movimentação. Passei pela treinadora e perguntei:

– O que está havendo?

Ela respondeu que uma égua estava em um dia ruim e ela havia pedido a Chrystal que fosse lidar com o animal. Ao seguir adiante, ouvi minha filha falar alto, em um tom firme que eu nunca escutara antes:

– Pare com isso, não tenho medo de você! Eia!

No estábulo, tudo o que eu via era uma égua enorme empinar-se e bufar ao levantar as patas no ar, duas mãos estendidas, uma delas segurando um chicote, e o topo da cabeça de Chrystal. O sangue subiu do meu peito para o rosto e meus olhos se encheram de lágrimas. Meu coração batia tão rápido que eu sentia e ouvia suas batidas em meus ouvidos. O medo tomou conta de mim e eu não conseguia falar. Minha mente correu para meu Pai Celestial;

Ele me inundou com Sua paz e confiança mais uma vez, e me enviou o Salmo 46:10: 'Parem de lutar! Saibam que eu sou Deus! [...]'

A égua se aquietou. Ouvi Chrystal dar diversos tapinhas nela e dizer:

– Boa garota... essa é uma boa garota. – Então, ela abriu a porta do estábulo e disse: – Oi, mãe! Conhece a Tiny?"

TEMENDO O PIOR

As histórias de cavalos de Chrystal acabaram servindo como grandes exemplos dos medos infundados de uma mãe. Mas sei o que você está pensando. E aquelas vezes em que Deus não faz com que o cavalo pare? Ou não amortece a queda de um cavaleiro? Ou não restaura a visão de uma pessoa? E quando Ele parece *não* nos proteger?

Eu usei o termo *parece* porque a Palavra de Deus nos diz que Ele é bom e gentil e não pode agir diferente de Sua natureza. Ele é um Pai perfeito que sabe como cuidar de Seus filhos. No entanto, há momentos em que nós, que vivemos no reino físico, não conseguimos ver o que Deus está fazendo no reino espiritual para proteger nossos filhos. Podemos não perceber que, embora Ele permita que uma criança caia e se machuque, está promovendo um bem maior na vida dela do que se aquele evento não tivesse ocorrido. O que Deus realiza está, por vezes, além de nossa capacidade de compreensão. Além disso, não somos Deus. E é quando nossa confiança Nele é essencial.

Há uma evidência estatística de que a maior parte das preocupações das mães – como a síndrome da morte súbita infantil (SMSI), o desaparecimento de crianças ou uma catástrofe fatal – raramente acontece.[17] Você, entretanto, pode estar pensando: *e se meu filho for a exceção? E se for um dos que morrem precocemente, e se for raptado ou ferido com gravidade?*

Quando se trata do bem-estar de seu filho, é provável que aconteça algo (se já não aconteceu) que irá afetar sua estabilidade e assustá-la. Essa é a natureza do mundo em que vivemos. E precisamos nos dar conta de que Deus permitirá certos acontecimentos com nossas crianças, pois eles as tornarão – e a nós – totalmente dependentes Do Pai.

Para mim, isso aconteceu quando Dana estava com dezoito meses de idade.

UM MOMENTO DECISIVO EM NOSSAS VIDAS

Um dia, ao colocar Dana para tirar uma soneca, preocupei-me um pouco com duas manchas roxas em suas pernas e uma no braço. Mas ela era um bebê em crescimento, e eles frequentemente tropeçam, caem e esbarram em coisas, certo?

No entanto, depois que ela acordou, vi uma grande contusão em sua testa. E, então, eu *soube* que algo estava errado.

Liguei para o pediatra e, depois de eu explicar a situação, ele disse:

– Preciso vê-la imediatamente.

---

17 De acordo com o Instituto Americano SIDS, o índice de morte infantil caiu mais de 50% desde 1983, chegando a 2.500 casos por ano nos Estados Unidos. Esse número reflete apenas uma pequena fração de crianças nascidas no país. E, de acordo com o National Center for Missing and Exploited Children, houve apenas cinco sequestros de crianças (por indivíduos que não eram pais nem responsáveis) de quatro milhões de nascimentos em 2008, e todas elas foram resgatadas ilesas. Então, as chances de que seu bebê, ou criança, seja raptado é extremamente pequena (fonte: <http://www.justmommies.com/articles/new-moms-fears.shtml#ixzz3S2P9eF36>).

O pediatra realizou um exame de sangue e me mandou de volta para casa com instruções de que esperasse por seu telefonema. Assim que chegamos, o telefone tocou.

Ele nos informou que a contagem de plaquetas de Dana estava perigosamente baixa e essa era a razão de ela estar se machucando com tanta facilidade. Ele nos mandou levá-la imediatamente para o Loma Linda University Children's Hospital e permanecer lá com ela pelo menos durante o fim de semana e possivelmente a semana seguinte. No hospital, Dana seria examinada pelo melhor hematologista do país e faria em exame de medula óssea.

– Haja o que houver, garantam que ela não bata a cabeça a caminho do hospital – acrescentou. – Isso poderia causar uma hemorragia cerebral e fazê-la entrar em coma.

Desliguei o telefone, fiz as malas rapidamente, e fomos para o hospital infantil, localizado a cerca de uma hora e meia de nossa casa. Enquanto meu esposo dirigia, eu fiquei em silêncio – com duas coisas em minha mente: (1) como eu havia trabalhado para um jornal e escrevera diversos artigos sobre doadores e transplantes de medula óssea, sabia que problemas relacionados a ela eram normalmente associados a câncer e leucemia; e (2) toda a minha vida, aprendi que Deus estava no controle absoluto de todas as coisas, por isso eu sabia que aquilo tudo não era uma novidade para Ele. Eu não conseguia evitar o sentimento de que aquele era um ponto em que se definiria se eu realmente confiava em Deus ou apenas *falava* como se confiasse.

Dana foi transferida para a ala de oncologia pediátrica – um andar inteiro de bebês e crianças de até doze anos deitados em leitos ou sendo empurrados em cadeiras de rodas para realizar a quimioterapia. Pequenos meninos e meninas por todo lado. Era a cena mais triste que eu já vira. Naquele momento, minha filha era a paciente mais nova internada no andar.

Dana e eu ficamos no quarto quinta, sexta e sábado, e as enfermeiras entravam a cada duas horas, dia e noite, para colher sangue de suas pequenas veias e verificar o nível das plaquetas. Em seguida, aplicavam-lhe mais uma injeção intravenosa de glicose para elevar o nível das plaquetas a fim de que ela se recuperasse. As enfermeiras nos informaram que o médico chegaria na tarde de domingo e havia pedido um exame de medula óssea para a manhã de segunda.

Hugh havia planejado tirar folga do trabalho na segunda e ficar comigo no hospital, e alguns amigos também prometeram me acompanhar quando o pessoal fosse inserir a agulha na coluna de Dana e retirar a medula, para analisar se ela tinha leucemia ou câncer.

Domingo de manhã, enquanto Hugh estava em nossa pequena igreja preparando-se para, em meia hora, realizar sua pregação, a enfermeira entrou no quarto e anunciou: "O médico acabou de chegar. Ele quer que o exame de medula seja feito agora".

O primeiro pensamento que me ocorreu foi: *meu sistema de apoio não está aqui. Eles nem mesmo sabem disso na igreja para poderem orar agora... todos pensam que será amanhã.* Fui conduzida com Dana pelo corredor, o tempo todo orando: *oh, querido Jesus, por favor, fique com ela e comigo... porque estamos completamente sozinhas agora.*

Por Dana ser um bebê, o time de médicos não pretendia usar anestesia, e o pensamento daquela agulha entrando nas costas dela e recolhendo material de seus ossos me aterrorizava. (Eles não fariam o exame sem anestesia em um adulto, mas, ainda assim, fazem com um bebê e deixam que ele sinta tudo!)

Enquanto eu segurava Dana e orava, ela adormeceu em meus braços. A enfermeira a tirou delicadamente, entrou na sala e fechou a porta atrás de si.

Eu me afundei no chão do outro lado da porta e orei: *Deus, isso não Te pegou de surpresa. Tu sabes exatamente o que está acontecendo no corpinho dela. Já sabes os resultados do exame. Torne Tua presença poderosa agora, naquela sala e aqui comigo. Sei que não estou sozinha... assim como Dana também não está. Obrigada por organizar para que esse exame fosse feito antes do esperado a fim de que Tu pudesses ser o* Único *aqui comigo.*

Enquanto estava sentada no chão orando, esperei o grito e o choro que deveriam vir de trás da porta, mas nada aconteceu.

Dana dormiu por todo o procedimento – durante a inserção da agulha e a retirada da medula óssea –, o que requer que o paciente seja mantido imobilizado o tempo inteiro. Ela continuava dormindo quando foi entregue de volta para mim, 25 minutos mais tarde.

Na manhã seguinte, o médico me informou que o laboratório estava analisando os resultados do exame e que poderíamos esperar uma resposta em cerca de uma semana. Ele também disse que as injeções de glicose no sangue haviam funcionado e que o nível de plaquetas de Dana estava alto o bastante para que ela voltasse para casa. Eles colocaram um pequeno capacete acolchoado protegendo a cabeça dela e a liberaram do hospital três dias antes do esperado.

Uma semana mais tarde, fomos informados por um especialista de que os resultados dos testes de medula óssea haviam sido negativos para câncer e leucemia, e que as plaquetas no sangue de Dana não tinham baixado desde que ela voltara do hospital. O médico também nos disse que ela provavelmente tivera uma condição rara chamada TPI [Trombocitopenia Primária Imune], em que o sangue ataca as próprias plaquetas por razões desconhecidas, e que, em média, a criança se recupera entre os seis meses e os cinco anos de idade. Em alguns casos, no entanto, é uma condição crônica que desaparece e retorna durante toda a vida.

Voltamos ao médico uma semana depois, e ele nos informou que o nível de plaquetas no sangue de Dana ainda não havia caído e que, na verdade, subira um pouco. Três semanas depois de ela ter deixado o hospital, fizemos nossa terceira visita. Como seu nível de plaquetas continuou a aumentar, não precisávamos mais voltar lá. O médico me disse:

– Nunca vi uma criança se recuperar com tanta rapidez e tão completamente dessa doença.[18]

MEU CAMINHO PARA A PAZ

Não considero o susto médico de Dana um pesadelo. Na verdade, hoje me refiro a ele como meu caminho em direção à paz – o momento decisivo em que Deus construiu minha confiança Nele. E sou realmente grata por aquele susto em virtude de uma série de razões. Primeiro, ele me fez lembrar, como uma mãe jovem, que não estou e nunca estive no controle da saúde ou do destino de minha filha. Segundo, ele me ensinou onde a paz verdadeira é encontrada. Não em circunstâncias agradáveis, nem no sentimento de que "tudo está bem no mundo dela", mas na palma da mão de

18 Depois, o pediatra de Dana determinou que a TPI provavelmente fora desencadeada por um antibiótico que lhe fora prescrito (por outro médico) para uma infecção respiratória que provavelmente era viral, não bacteriana. Assumiu-se que o antibiótico não sabia o que atacar no corpo de Dana e acabou atacando as próprias plaquetas sanguíneas (havia a possibilidade de que tivesse sido causada por uma rara reação à vacina MMR, e então ela foi declarada imune ao MMR e instruída a não repetir aquela dose de vacina).

Deus, uma vez que Ele permite que a Sua Vontade esteja em nossos caminhos. E, finalmente, porque ele me conferiu a capacidade de olhar para trás e construir minha confiança sempre que começo a me preocupar, duvidar ou temer por algum acontecimento na vida de Dana – ou na minha.

Por meio da breve hospitalização de Dana, Deus me mostrou que Ele estava presente para ela (e para mim) antes, e que estará presente por nós novamente. Sou muito grata por aquela lição tão cedo na vida de minha filha – e na minha como mãe – de que nada acontece fora do conhecimento ou do controle de Deus. Também aprendi que, como mãe, nada é mais importante do que confiar Nele em cada passo do caminho... até mesmo no escuro, quando não posso vislumbrar os resultados. Na verdade, *especialmente* durante esses momentos.

GANHANDO PERSPECTIVA

Vivemos em um mundo que às vezes pode ser realmente assustador. Acidentes acontecem, o mal parece triunfar de vez em quando, e podemos nos pegar enfraquecidos pelo medo quando focamos no "e se" e imaginamos o pior. Afinal, a qualquer instante, a vida pode sair do controle. No entanto, há uma verdade que acalma e ancora a esperança neste mundo incerto. E ela é a seguinte: nunca estivemos no controle, em absoluto. Deus estava e sempre estará. Nada O pega de surpresa. Embora você possa estar completamente desprevenida para um evento, Deus sabe o que virá e está preparado para conduzi-la, e a seu filho, por meio Dele. O Pai está pronto para acalmar suas preocupações, firmar sua mão e dirigi-la ao próximo estágio de Seu plano.

Sei que, ao dizer isso, você pode se sentir um pouco desconfortável. Não acredito que seja possível ficar completamente relaxado quando se consideram os perigos que podem aparecer no caminho de um filho. Em essência, é por isso que nos preocupamos. Entretanto, ao fazê-lo, estamos temendo as adversidades, o pior, o que pode acontecer em um mundo que gira aleatoriamente. Esse, no entanto, não é o cenário completo. Eu e você vivemos em um mundo com um Deus soberano que controla cada aspecto dele.

Neste momento, você pode estar pensando: *se Deus está no controle total de tudo, por que Ele simplesmente não evita que esse tipo de coisa aconteça? Assim, eu não precisaria me preocupar de jeito nenhum!* Do seu ponto de vista, e do meu, essa parece ser a solução. Deus, porém, preferiu não eliminar as situações perigosas de nossa vida, e, em vez disso, optou por nos ensinar a confiar Nele apesar, e dentro, dos perigos deste mundo, de forma que tenhamos uma maior compreensão de Seu amor, providência e propósitos.

Deus permitirá o que Ele determinou que permitiria (Is 46:9,10), mas nós temos uma promessa maravilhosa em Romanos 8:28,29 de que o que Ele permite é para o bem daqueles que O amam.

> Sabemos que Deus age em todas as coisas para o bem daqueles que O amam, dos que foram chamados de acordo com o Seu propósito. Pois aqueles que de antemão conheceu, também os predestinou para serem conformes à imagem de Seu Filho [...].

Essa passagem nos assegura que *em todas as coisas* (até mesmo nas que você e eu consideramos acidentes ou sustos) Deus está trabalhando para o bem daqueles que O amam e que são chamados de acordo com Seus propósitos *para que* sejamos conforme a imagem de Seu filho. *Para que* seu filho conheça e dependa mais de Deus. *Para que* você experimente uma caminhada com proximidade e confiança Nele. *Para que* as outras pessoas vejam o que Ele realizou, como foi perfeito, e O louvem por isso.

Aquele versículo nos diz claramente que Deus está trabalhando em nosso eterno bem – na formação de nosso caráter, na moldagem de nosso ser à imagem de Cristo. Considere o fato de que coisas ruins acontecem neste mundo, quer você conheça ou não Deus. Será que não gostaria que seu filho estivesse na palma da mão Dele e você experimentando Sua insondável paz enquanto tais situações ocorrem, em vez de lutar contra as circunstâncias que não pode controlar e se estressar – e a seu filho? Quando você e eu olhamos para tudo de bom que Deus tem proporcionado na vida das pessoas que compartilham suas histórias neste livro, percebemos que podemos, sim, viver com total confiança de que, independentemente do que aconteça, Ele tem o controle completo e de que não há lugar melhor para estar do que em Suas mãos.

DANDO SENTIDO À DOR DE NOSSAS CRIANÇAS

É natural que queiramos poupar nossas crianças de sofrimento, ainda que ele seja a ferramenta de Deus para proporcionar a nossos filhos o conhecimento de Sua salvação ou um relacionamento mais íntimo com Ele. É também o que o Pai usa para nos levar, mães, a uma dependência mais forte Dele.

Lembra como Becky rapidamente evocou a bondade de Deus apesar do acidente de Jacob? Deus não apenas mudou o coração de seu filho, mas também as prioridades, perspectivas e a vida de oração de toda a sua família.

Entendo perfeitamente o fato de você se assustar com a ideia de ver suas crianças tendo de suportar qualquer coisa desconfortável ou dolorosa para elas. Ainda assim, não temos a capacidade de moldar nossos filhos para a eternidade, de incutir neles não apenas traços como compaixão, gratidão e maturidade além da idade que têm, mas também uma perspectiva de que estão nesta Terra por algum propósito, além de uma fé em Deus que é experimentada e testada. Apenas Ele pode realizar isso. E muitas vezes as realiza não mantendo nossas crianças em completa segurança, mas mostrando-Se forte em situações em que elas podem sofrer. Deus pode querer trabalhar em alguns traços do caráter ou dos valores profundamente arraigados na vida de seus filhos – ou na sua –, permitindo algo que você considere "inseguro".

Quando Deus decide permitir que as crianças passem por situações assim, você pode ter certeza de que Ele sabe o que está fazendo e tem Sua atenção no resultado, na mudança de vida, nos benefícios eternos que podem surgir de situações arriscadas. Ele está ensinando a você ou a seu filho a orar com mais fervor, a lembrar-se de Sua presença, ou a reconhecer Sua capacidade de fornecer e proteger.

Na vida de ambos, Jacob e Dana, Deus veio e Se mostrou forte em favor deles. E, hoje, esses dois jovens adultos sabem que sobreviveram a uma situação que lhes poderia ter tirado a vida, a visão, a vitalidade. No entanto, eles continuam aqui. E como isso lhes dá confiança de que há uma razão para estarem aqui! Como isso lhes confere uma história para compartilhar com outras pessoas sobre o Pai e Seus caminhos. Como isso os ajuda a saber que eles têm um Deus que os ama e protege.

Esses são presentes que Becky e eu nunca poderíamos dar a nossas crianças. Presentes que vêm apenas quando experimentamos a mão amorosa de Deus em face do perigo.

LIDANDO COM OS "E SE"

A maior parte de nossas preocupações envolve a pergunta: "E se...?". Temores do que pode acontecer resultam de nossos pensamentos girando descontrolados enquanto imaginamos os possíveis cenários negativos. No entanto, em vez de focar no terror do que pode ser, precisamos focar na verdade do que é. Perguntar continuamente "E se...?" é negar que Deus está no controle.

Em Filipenses 4:6,7, vemos: "Não andem ansiosos por coisa alguma, mas em tudo, pela oração e súplicas, e com ação de graças, apresentem seus pedidos a Deus. E a paz de Deus, que excede todo o entendimento, guardará o coração e a mente de vocês em Cristo Jesus".

Na Nova Bíblia Viva, esse versículo aparece assim:

> Não se aflijam com nada, em vez disso, orem a respeito de tudo. Contem a Deus as necessidades de vocês, e não se esqueçam de agradecer-Lhe suas respostas. Se fizerem isso, vocês terão experiência do que é a paz de Deus, que é muito mais maravilhosa do que a mente humana pode compreender. Sua paz conservará a mente e o coração de vocês na calma e tranquilidade, à medida que vocês confiam em Cristo Jesus.

Não acredito que seja uma coincidência o fato de os dois últimos versículos nos dizerem como pensar.

E agora... uma observação final. Firmem seus pensamentos naquilo que é verdadeiro, bom e direito. Pensem em coisas que sejam puras e agradáveis, boas e belas. Pensem em todas as coisas pelas quais vocês possam louvar a Deus... Então, o Deus de paz será com vocês (versículos 8,9).

Aqui está um exemplo perfeito do motivo pelo qual não devemos escolher um versículo ou dois de um parágrafo para ler ou memorizar e, em seguida, parar a leitura. Esses *quatro* versículos dentro do contexto funcionam juntos como instruções para que não nos preocupemos e *como* não nos preocuparmos. Deus nos está fornecendo a fórmula completa para que possamos eliminar as aflições e experimentar a Sua paz.

PASSO 1: NÃO SE AFLIJAM COM NADA
(É uma opção. Escolha não se preocupar.)

PASSO 2: OREM A RESPEITO DE TUDO
(É um mandamento. Basta obedecer a ele.)

PASSO 3: FIRMEM OS PENSAMENTOS NAQUILO QUE É VERDADEIRO, BOM E DIREITO... EM TUDO PELO QUE VOCÊS POSSAM LOUVAR A DEUS
(O Pai é bastante específico a respeito de em que devemos "firmar" nossa mente para não sermos aprisionados por pensamentos negativos e de medo.)

PASSO 4: EXPERIMENTEM A PAZ DE DEUS
(Como resultado dos três passos apresentados, a presença de Deus estará com você.)

Você percebe que a ansiedade e a preocupação que sentimos, em sua maior parte, acontecem porque *não* estamos seguindo os dois últimos dos quatro passos do processo? Falhamos em firmar nossos pensamentos no que é verdadeiro, bom, direito, puro e agradável. Em vez disso, pensamos em possibilidades negativas, no pior que pode acontecer, no assustador cenário "E se...?". A Bíblia nos diz claramente que essa não é a rota para a paz.

Firmar os pensamentos no que é verdadeiro significa focar na realidade da situação, e não em possibilidades ou supostos perigos. E firmá-lo no que é bom, puro, agradável e digno de louvor significa focar em Deus e em seu caráter.

Apresento uma tabela para ajudá-la a ver como focar no que é real quando seu filho se encontra em uma situação que pode lhe provocar medo.

O que é verdadeiro	O que se teme
Seu filho está passando o dia com um amigo.	Seu filho está envolvido com algo perigoso/inapropriado.
Você não recebeu um telefonema "de aviso de chegada" de seu adolescente.	Ele não pode ligar porque se encontra deitado na estrada ferido ou morto.
Sua filha não está em casa e já passou a hora do toque de recolher.	Ela está desamparada, em uma situação intimidante, perigosa ou inconsequente.
Sua criança está com tosse, febre ou infecção.	Sua condição é pior do que parece, e ela nunca vai se recuperar.

Alguns dos medos listados na coluna da direita podem parecer um pouco dramáticos, mas não é isso o que acontece às vezes? Quando deparamos com uma situação, não demora muito até começarmos a imaginar o pior cenário possível, não é? É isso o que a preocupação produz – o medo de que o pior tenha acontecido.

A próxima tabela resume as situações acima e como elas produzem medos irracionais quando não estamos focados no que é verdadeiro sobre Deus e o próprio evento. Observe-a de perto.

O que é verdadeiro	O que se teme
Você não está no controle da situação.	Deus não está no controle, não tem conhecimento da situação ou não é bom.

Você sabe que não diria essas palavras em voz alta ou admitiria ser essa sua linha de pensamentos. Ainda assim, a sua preocupação as diz por você. Quando nós nos afligimos, estamos dizendo a Deus: "Não creio que tenhas poder sobre essa situação. Não confio em Ti para resolvê-la. Acredito que estou sozinha". Certa vez, entretanto, ouvi um pastor dizer: "Toda preocupação pressupõe que Deus não sabe, que Ele não se importa ou que não tem os recursos para resolvê-la".

Agora, vamos reverter essa tabela para resumir seu medo e lhe mostrar como substituí-lo pelo que é verdadeiro:

O que se teme	O que é verdadeiro
Ninguém (nem mesmo você) sabe onde seu filho está.	Deus está ciente de cada detalhe (Sl 139).
Você – ou seu filho – não está preparada para lidar com a situação.	Nada toma Deus de surpresa; Ele é capaz (Ef 3:20).
Seu filho está sozinho e desamparado.	Deus prometeu nunca abandoná-lo (Hb 13:5).
Algo "ruim" pode acontecer.	Deus faz todas as coisas – até mesmo o que você teme – para o bem daqueles que O amam (Rm 8:28).

Uma maneira de substituir as preocupações pela verdade constitui em focar na realidade de Deus e Seu caráter. Em outras palavras, a verdade é que Deus é bom, amoroso, gentil, misericordioso, onisciente e todo-poderoso.

Concentrar-se no que é verdadeiro, justo, bom e puro não é apenas uma questão de pensamento positivo, nem o caso de uma ilusão ingênua, mas, sim, a prática de *colocar sua confiança em um Deus bom e amoroso e nas coisas positivas que Ele é capaz de fazer na sua vida e na de seu filho*. É a prática de dizer todos os dias: "Deus, Tu estás no controle, não eu. E isso é bom, pois sabes mais do que eu. Não sei o que está acontecendo, mas Tu sabes, e Te agradeço por isso". É um exercício de fé.

A fé não representa simplesmente "uma crença em Deus". Mais que isso, ela constitui um estilo de vida. Em Hebreus 11:1, fé é definida como "a certeza daquilo que esperamos [e esperamos que coisas boas, e não ruins, possam acontecer] e a prova das coisas que não vemos [a convicção de que Deus está realmente trabalhando nos bastidores, mesmo que não possamos ver ou imaginar como Ele fará as coisas para o bem]".

Então, ter fé significa possuir uma certeza profunda das boas coisas pelas quais esperamos, como se Deus já as tivesse realizado. É estar convencido de que Deus trabalha nos bastidores para o nosso bem, mesmo quando não podemos ver ou imaginar o que são.

E se você tivesse sentido esse tipo de confiança toda vez que seu filho esteve com febre, ou não chegou em casa na hora combinada? Quando se trata de cenários como esses, Deus quer que você O conheça e confie profundamente Nele, de uma forma nunca feita antes. Entregar suas crianças a Ele e confiar que elas estão em mãos amorosas e capazes é uma das maneiras mais práticas de mostrar-Lhe que confia Nele de todo o coração. O Pai quer que você experimente esse tipo de paz – uma paz que se torna possível por causa de um Deus inabalável, imutável e estável.

SUSSURROS DE SEU AMOR

Deus nos pede que confiemos Nele de forma inabalável em um mundo onde situações ruins ainda acontecem. Ele, porém, não apenas nos diz "confie em Mim" e, então, confere até que tenhamos passado no teste de confiança, mas nos dá pequenos – e grandes – lembretes todos os dias de que vê, ouve e está trabalhando de maneiras que nós podemos não notar.

Rebecca, mãe de duas garotas de dez e sete anos, viveu o que ela chama de "o pesadelo de todos os pais". No entanto, ela também conhece a paz de Deus como nunca conhecera antes, e sente-se convencida de que Ele está no controle total de sua vida e da vida de suas crianças.

"Alguns anos atrás, vivemos uma situação terrível com nossa filha mais nova. Basta dizer que fomos incapazes de evitar o pesadelo de qualquer pai ou mãe. Mas senti a presença de Deus me envolvendo imediatamente, como nunca havia experimentado antes. Nos dias que se seguiram, foi como se o Senhor estivesse nos segurando e protegendo, mesmo com a loucura que girava ao nosso redor." Rebecca disse que há uma passagem específica das Escrituras que tem sido fundamental para ajudar sua família a manter a perspectiva correta:

> Alegrem-se sempre, orem continuamente. Deem graças em todas as circunstâncias, pois esta é a vontade de Deus para vocês em Cristo Jesus (1Ts 5:16-18).

"Esse versículo me faz lembrar de que cada momento é uma oportunidade que tenho de agradecer a Deus pelas lições que Ele está me ensinando, e que Seu plano para minha família é muito maior do que qualquer circunstância em que estejamos, não importa o quão terrível ela seja.

Dar graças pela mão de Deus em nossas menores contrariedades ou em situações terríveis nos ajuda a voltar nosso coração para Ele e reconhecer que Seu plano é maior do que o nosso. Esse ato nos ajuda a lembrar que Ele está trabalhando em nosso favor.

Se pudermos manter o pensamento e o coração continuamente ligados a Ele, mesmo errando, aprendemos mais e caminhamos para cada nova oportunidade de crescer por meio da confiança dos planos Dele para nós, os quais não podemos enxergar."

E VOCÊ?

Uau! Será que eu e você confiamos em Deus assim, apesar daquilo por que nossas crianças estejam passando? Sei que é muito mais fácil dizer do que fazer. No entanto, se uma mãe que viveu o "pesadelo de todos os pais" consegue manter a paz sabendo que Deus possui o controle total, você também pode...

- quando deixa seu filho aos cuidados de outra pessoa;
- quando seu filho apresenta alguns sintomas e você está esperando por um diagnóstico;
- quando sua filha vai para seu primeiro encontro;
- quando seu adolescente sai com o carro pela primeira – ou quinquagésima – vez;

- quando seu calouro frequenta uma faculdade longe de casa;
- quando seu filho se aventura em outro país;
- quando você passa dias, semanas ou até mesmo meses sem saber de seu filho.

Embora desenvolver esse tipo de confiança em Deus não seja fácil, é inevitável quando você começa a conhecer esse Deus capaz de controlar o que você não consegue. Inclinando-se para Ele e aprendendo mais sobre Seu caráter, você perceberá que ganhou a paz e a segurança de que seu filho está muito melhor em Suas mãos, sem a sua presença, do que se você estivesse ao lado dele, e ambos sozinhos.

Comece agora mesmo a praticar essa verdade substituindo as palavras "Tenha cuidado" por "Fique nas mãos de Deus". Porque seu filho *está* aos cuidados Dele... quer você se lembre disso ou não.

COLOCANDO EM PRÁTICA: CONFIANDO SEUS TEMORES A DEUS

Aqui estão três passos para viver como em Filipenses 4:6-9 e orar acerca de suas inquietações para que as substitua pela paz de Deus – agora.

PASSO 1: NÃO SE PREOCUPE COM NADA

No espaço abaixo, anote duas ou três preocupações que a fazem dizer a seu filho ou filhos: "Tenha cuidado".

____

____

PASSO 2: ORE A RESPEITO DE TUDO

Agora, pegue cada uma das preocupações escritas no passo 1 e entregue a Deus em oração. A seguir, apresento um modelo que pode ajudá-la a começar. Preencha o espaço em branco com sua preocupação pela qual precise orar e repita a oração quantas vezes julgar necessário. Ao completá-la para cada uma, risque a que escreveu anteriormente. Você a entregou a Deus, e ela agora está nas mãos Dele.

> Deus, obrigada por saberes tudo sobre a minha preocupação com ____________________ (nome da criança) e ______________________ (insira a situação que a preocupa aqui). Sei que essa situação não Te pegou de surpresa, e que Tu já estás atuando nela para o bem de meu(minha) filho(a) e para o meu também. Obrigada por estares mais interessado em edificar benefícios eternos e características divinas em mim e em meu(minha) filho(a) do que me assegurar de que ele/ela esteja a "salvo". Confio em Ti, e convido Tua paz para substituir a preocupação em minha vida.

PASSO 3: FIRME SEUS PENSAMENTOS NO QUE É VERDADEIRO

Agora é o momento de redirecionar seus pensamentos do cenário "e se" para o que é verdadeiro, direito, puro, agradável e bom. Fazemos isso nos concentrando em Deus e em Suas características. Nas linhas a seguir, faça sua lista do que é verdadeiro a respeito de Deus, escrevendo sete fatos que você sabe serem verdadeiros sobre Seu caráter (escrevi as três primeiras para você).

Dez coisas que eu sei que são verdadeiras sobre Deus:

- Ele prometeu nunca deixar aqueles que confiam Nele (Hb 13:5).
- Não há lugar algum aonde meu filho vá sem que Deus o acompanhe (Sl 139:7-12).
- Os caminhos de Deus são perfeitos (Sl 18:30).
- ______________________________________
- ______________________________________
- ______________________________________
- ______________________________________
- ______________________________________
- ______________________________________
- ______________________________________

PASSO 4: ABRACE SUA PAZ

Na próxima vez em que se pegar com pensamentos preocupantes ou dizendo: "Tenha cuidado", siga as palavras apresentadas com uma oração rápida para o Único que realmente pode manter seu filho em perfeita segurança. Aqui estão sete orações rápidas que você pode escolher – ou escreva uma você mesma nas linhas a seguir.

Segura-o firme – ele está sob Teu cuidado.

Guardai-a cuidadosamente – ela é Vossa.

Deus, guardai-os em Vossas mãos e mantende-me em perfeita paz.

Senhor, Tu estás no controle – lembra-me disso a cada momento.

Senhor, essa situação não Te pegou de surpresa. Fazei com que eu e meu filho cresçamos com ela.

Deus, Tu estás no controle, não eu. E isso é bom, pois sabes mais do que eu.

Eu não sei o que está acontecendo, mas Tu sabes, Deus, e Te agradeço por isso.

TORNANDO-SE UMA MÃE SEM ESTRESSE – NA COMUNIDADE

Para análise ou discussão: imagine uma situação "perigosa" pela qual seu filho esteja passando, ou uma situação que a preocupe pela possibilidade de ele não estar a salvo. O que realmente aconteceu, e como o resultado aumenta sua confiança em Deus, que cuida dele?

1. Talvez você já tenha passado por muitos sustos com sua criança. Se isso realmente aconteceu, liste cada um deles e o que você aprendeu sobre como Deus se manifestou para você e seu filho:

O susto com seu filho	Libertação de Deus

2. Leia cada uma das seguintes passagens da escritura e indique se o versículo é para confortá-la, ou se é algo que você utilizaria para orar por seu filho. Depois, circule aquele(s) que deseja memorizar ou escrever como um lembrete constante que a ajudará a não se preocupar com a situação de sua criança.

SALMOS 27:1

SALMOS 32:7

SALMOS 46:1

SALMOS 55:22

SALMOS 56:3,4

SALMOS 62:1,2;8

3. Complete sua tabela semelhante à da página 66, listando seus medos e preocupações no lado esquerdo e escrevendo a verdade – sobre Deus e sobre aquela situação – do lado direito.

O que se teme	O que é verdadeiro (sobre Deus)

3º SEGREDO

Confiar no trabalho invisível de Deus na vida de seus filhos

CAPÍTULO 3

POR QUE ISSO?

Minha amiga, Midge, sentiu-se muito triste no dia em que sua filha única foi diagnosticada com alopecia, que é a perda de cabelo por razões desconhecidas.

Ellie, de quatro anos de idade, vinha perdendo cabelo em uma pequena área na parte frontal da cabeça. E a mãe ficou chocada quando o médico lhe informou que a menina poderia ficar careca em cerca de um ano e, além disso, talvez lutasse com a perda de cabelo por toda a vida.

Midge trabalha como diretora de uma escola primária e estava ciente de como as crianças podem ser rejeitadas ou ridicularizadas se são, de alguma forma, diferentes. Por isso, preocupou-se imediatamente com a situação escolar da filha. Matriculou-a na pré-escola, na esperança de encorajar suas habilidades sociais e confiança em fazer amigos antes de perder a maior parte do cabelo. Além disso, Midge procurou tratamentos para evitar mais queda, e se juntou a um grupo de apoio para pais de crianças com alopecia.

O principal, no entanto, foi a preocupação dela.

- E se a filha fosse excluída socialmente?
- E se fosse ridicularizada na escola?
- E se nunca namorasse por causa da doença?
- Talvez devesse investir em perucas de longa duração.

Na segunda série, Ellie tinha a cabeça quase totalmente coberta de cabelos. No entanto, na sexta, ele caiu bastante outra vez. Havia um padrão. Os fios caíam no outono, quando começava a esfriar, e cresciam novamente na primavera.

"Ellie tinha uma professora muito rigorosa na quinta série e seu cabelo caiu mais. Então, percebi que sua condição também se relacionava ao estresse", revelou Midge.

Ellie nunca ficou completamente careca. Seu cabelo caía e nascia, e, no pior momento, ela perdeu 75% dele em áreas localizadas principalmente atrás da cabeça. No entanto, a perda não parecia incomodá-la tanto quanto incomodava sua mãe.

"Dentro de mim, eu pensava: *a aparência dela* é *a de uma menina muito doente*", disse Midge. "Eu acreditava que a longo prazo nenhum homem a namoraria. Olhando o passado, percebo que eu não confiava que o Senhor cuidaria dela. Eu era obcecada por sua enfermidade. Isso me preocupava dia e noite, e, por não poder revelar a meu marido como me sentia, guardava tudo dentro de mim."

A alopecia de Ellie se tornou mais controlável com o passar dos anos, e hoje não a preocupa, nem a sua mãe. Atualmente, Midge olha para aqueles anos e percebe que era uma mãe preocupada com uma situação que Deus tinha sob completo controle.

"Eu me envergonho por não ter confiado em Deus naquilo", disse Midge. "E agora sinto que pelo nascimento tardio de Ellie em minha vida e por ela ter sido filha única, eu poderia ter focado ainda mais em sua aparência se isso não tivesse acontecido."

Por causa da queda de cabelo de Ellie, Midge diz: "Nós enfatizamos seu intelecto e o modo como ela tratava as outras pessoas. Olhando para o passado, vejo que focamos em coisas que realmente importam, e ela cresceu bastante segura e muito bondosa com os outros. No final, isso nos poupou muito drama de garota adolescente".

OS PROPÓSITOS DE DEUS

Quando Ellie foi diagnosticada, Midge perguntou a Deus e aos outros: "Por que isso?". No entanto, Ele sabia exatamente o que fazia – moldava o caráter da menina, assim como o de sua mãe.

"A beleza, mais cedo ou mais tarde, acaba", afirmou Midge. "E Ellie desenvolveu um coração generoso quando não pudemos dar muita ênfase ao seu cabelo! Gostaria de ter tido fé de que Deus iria restaurar seu cabelo, mas também sei que havia uma lição a ser aprendida, um caminho diferente que ela deveria seguir."

Atualmente Ellie tem 22 anos, e sua cabeça é repleta de fios. Além disso, ela é uma das jovens mais generosas, autênticas e não materialistas que conheço. Recentemente, Ellie doou trinta centímetros de seu cabelo para o Beautiful Lengths da Pantene, que confecciona perucas e as fornece, gratuitamente, para crianças que perderam os cabelos devido à quimioterapia ou a outros tratamentos médicos.

"Ellie finalmente tinha bastante cabelo, algo que ela havia esperado por anos, e comemorou cortando-o e doando para que alguém mais pudesse comemorar o fato de ter uma cabeça cheia de cabelos", disse Midge.

Embora no início Midge tenha perguntado: "Por que isso?", tornou-se claro para ela agora que Deus tirou o que ela e a filha acreditavam ser belo – um cabelo longo – e substituiu por algo realmente belo – um coração generoso.

QUANDO NÃO CONSEGUIMOS ENXERGÁ-LO

Toda mãe passa por uma situação com seu filho em que se pergunta: "Por que isso?".

> Por que isso, meu Deus? Ela era uma garotinha tão bonita.
> Por que isso, meu Deus? Agora que suas notas finalmente melhoraram e ele começou a agir com responsabilidade.
> Por que isso, meu Deus? Meus filhos já não sofreram o bastante?
> Por que isso, meu Deus? Ela é apenas uma criança.

No entanto, Deus tem os propósitos e eu provavelmente não preciso lhe dizer isso, mas... eles são mais elevados, melhores e muito maiores que os nossos.

Em Isaías 55:8-11, Deus nos concede uma visão de como Sua perspectiva muitas vezes difere da nossa. Ao ler os trechos seguintes, pense sobre situações na vida de suas crianças em que você perguntou: "Por que isso?".

> "Pois os meus pensamentos não são os pensamentos de vocês, nem os seus caminhos são os meus caminhos", declara o Senhor.

> Assim como os céus são mais altos do que a terra, também os meus caminhos são mais altos do que os seus caminhos, e os meus pensamentos, mais altos do que os seus pensamentos.
>
> Assim como a chuva e a neve descem dos céus e não voltam para ele sem regarem a terra e fazerem-na brotar e florescer, para ela produzir semente para o semeador e pão para o que come, assim também ocorre com a palavra que sai da minha boca: ela não voltará para mim vazia, mas fará o que desejo e atingirá o propósito para o qual a enviei.

Agora leia os dois próximos versículos, em uma tradução diferente da Bíblia. Imagine que essa seja nossa resposta ao percebermos que Deus sabia o tempo todo o que estava fazendo na vida de nossos filhos, enquanto perguntávamos: "Por que isso?".

> Vocês sairão com alegria, serão conduzidos a uma vida plena. Os montes e colinas vão conduzir o desfile, transbordando com canções. As árvores da floresta vão se juntar ao cortejo, sem economizar aplausos. Acabaram-se os espinheiros, agora só há pinheiros; acabaram-se as roseiras bravas, agora crescem as murtas. São monumentos erguidos em homenagem ao Eterno, evidências vivas e duradouras que dão testemunho do Eterno (versículos 12,13 – AM).

Se você e eu podemos nos agarrar a essas questões decisivas durante a confusão e o aparente silêncio de Deus, então também é possível que "as canções irrompam diante de nós" no desfile de louvor – "aplaudindo" para o que O vimos realizar na vida de nossa criança... assim como em nosso coração.

A HISTÓRIA DE ANGEL

Kim Eaton se lembra de perguntar "Por que isso?" em um dia no qual sua vida – e a de sua filha – mudou para melhor.

Em 23 de outubro de 2013, Kim recebeu uma notícia que nenhuma mãe gostaria de ouvir. Sua única filha, Angel, de quinze anos de idade, fora diagnosticada com sarcoma de Ewing, um tipo raro de câncer que atinge os ossos e tecidos moles.

"Em vez de se preocupar com garotos e toques de recolher, repentinamente me peguei imaginando se minha filha iria morrer", disse Kim.

Depois de poucos dias internada no Children's Hospital of Birmingham, Angel passou por duas cirurgias. Na primeira, uma biópsia e aspiração de medula óssea, o cirurgião drenou quase dois litros de fluído de seus pulmões. Na segunda, os médicos colocaram um acesso profundo e fizeram uma biópsia do tecido. A quimioterapia começou depois de apenas nove dias do diagnóstico.

O caminho não era fácil. Kim e a filha estavam no modo de sobrevivência. Passar por aquilo. Vencer a doença. Continuar otimista. Confiar em Deus.

"No decorrer de quatorze meses, Angel passou por vinte e seis sessões de quimioterapia, seis semanas de radioterapia (trinta sessões) e uma cirurgia para retirar não apenas o tumor, mas também três costelas do lado esquerdo. A jovem permaneceu mais da metade desse tempo no hospital em virtude da quimioterapia, de febres e infecções. Ela entrou em choque anafilático causado por uma alergia a algum medicamento antináusea. Acabou indo diversas vezes para a Unidade de Cuidados Especiais e para a UTI por estar com a pressão baixa. Ela foi até mesmo transportada de helicóptero (provavelmente um dos momentos mais assustadores de minha vida). E então, quando o final de seu tratamento se aproximava, passamos por um grande susto. Seu oncologista viu algo incomum em alguns dos exames que realizavam sempre e acreditou que o câncer podia ter se espalhado para a medula espinhal. Nem preciso dizer que nunca orei tanto em minha vida.

A maior preocupação, é claro, era que minha filha não vencesse essa luta", disse Kim. "Me machucava muito vê-la com dor, e eu ser incapaz de ajudá-la ou libertá-la daquilo. E, é claro, eu estava estressada com as finanças", completou Kim.

Como mãe solteira, ela tinha apenas o próprio rendimento e não possuía economias para cobrir os custos de uma doença catastrófica.

"Durante o tratamento de Angel, eu ainda tentava trabalhar para ter um emprego ao qual voltar e ser capaz de manter os pagamentos da casa e as contas mensais."

Por todo esse tempo, o coração de Kim não se voltava apenas para sua filha, mas também para muitas outras crianças que ambas conheceram no período do tratamento de Angel. "Nós nos aproximamos de muitas famílias cujos filhos tinham câncer, e elas estavam constantemente em minha mente e em meu coração", disse Kim.

E – como você verá nas outras histórias deste livro – Deus se manifestou.

Um pouco mais de um ano depois, Angel foi declarada curada do câncer. Suas sessões de quimioterapia terminaram em 1º de dezembro de 2014, e, um mês mais tarde, os médicos declararam não haver qualquer evidência de doença (NED).

"Angel continuará a fazer exames e testes de acompanhamento a cada três meses, e depois a cada seis por um bom tempo. Mas o câncer se foi", afirmou Kim.

Kim admite que não era uma supermãe quando recebeu o diagnóstico de Angel e ao ajudá-la durante todo o tratamento. Além disso, embora tenha sido criada em uma casa cristã com uma sólida formação bíblica, também não era uma mãe super-religiosa. Assim, não se sentiu imediatamente em paz e pensou: *bem, nada pega Deus de surpresa, então vamos em frente.*

Não. Ela estava temerosa pela vida da filha, como qualquer outra mãe estaria.

"Quando tomei conhecimento do diagnóstico de Angel pela primeira vez, tive todos os sentimentos possíveis percorrendo meu corpo em vários momentos. Eu estava muito assustada, frustrada e zangada por Deus *permitir* que algo como aquilo acontecesse."

Familiares e amigos bem-intencionados tentaram encorajá-la, mas suas tentativas saíram pela culatra.

"Fiquei cansada de pessoas me dizendo que Deus tinha um propósito e um plano para tudo; eu certamente não conseguia entender que propósito Ele teria para permitir que uma garota de quinze anos estivesse com câncer", disse Kim.

"Então, certa noite, eu simplesmente perdi o controle. Desabei e chorei por horas. Questionei, gritei, fiquei totalmente apavorada – e, então, essa calma insana e louca tomou conta de mim e a única coisa na qual eu conseguia pensar era: *você está assustada, e isso* é *muito compreensível, mas não* é *sua função questionar. Seu trabalho* é *confiar e ter fé.*

Isso não significa que eu tenha permanecido calma nos quatorze meses que se seguiram. Eu ainda passava por momentos de dúvida e fraqueza. No entanto, nos momentos realmente decisivos, eu podia sentir a presença de Deus."

A PROVIDÊNCIA DIVINA

Apesar de questões sem respostas e das frustrações constantes, a experiência de Kim com a providência de Deus para ela – e sua filha – a encorajava.

"Para cada preocupação que eu tinha, Deus me proveu", afirmou Kim. "Toda vez que uma conta chegava pelo correio e não havia dinheiro para pagá-la, recebíamos uma doação de alguém cerca de dois dias depois.

Para cada susto ou exame que minha filha precisava fazer, a leitura devocional diária me proporcionava o trecho exato das Escrituras e as palavras de que eu precisava naquele momento. Por exemplo, no dia em que fomos realizar os exames de Angel e estávamos prestes a descobrir que ela se encontrava livre do câncer, minha devocional da manhã começou assim:

Eu posso fazer muito além do que você pedir ou imaginar. Vinde a Mim com expectativas positivas, sabendo que não há limites para o que Eu posso realizar.[19]

A Escritura que acompanhava a leitura era Isaías 40:30,31 (uma de minhas favoritas durante aquele período): 'Até os jovens se cansam e ficam exaustos, e os moços tropeçam e caem; mas aqueles que esperam no SENHOR renovam as suas forças. Voam alto como águias; correm e não ficam exaustos, andam e não se cansam'.

Na manhã seguinte, esta foi minha leitura: 'É impossível Me louvar ou agradecer demais'. A Escritura que a seguia era 'Louve o SENHOR! Louve, ó minha alma, o SENHOR. Louvarei o Senhor por toda a minha vida; cantarei louvores ao meu Deus enquanto eu viver' (Sl 146:1,2).[20]

---

19 YOUNG, Sarah. *Jesus Calling*. Nashville: Thomas Nelson: Integrity Publisher, 2004, p. 7. (YOUNG, Sarah. *O Chamado de Jesus*. Rio de Janeiro: Thomas Nelson Brasil, 2016.)

20 YOUNG, Sarah. *Jesus Calling*. Nashville: Thomas Nelson: Integrity Publisher, 2004, p. 8. (YOUNG, Sarah. *O Chamado de Jesus*. Rio de Janeiro: Thomas Nelson Brasil, 2016.)

O tempo de Deus foi sempre perfeito em me prover o necessário, tenha eu me dado conta disso ou não naquele momento", disse Kim. O conforto e a segurança de Kim de que Deus estava no controle não foram encontrados apenas em um livro devocional, mas nos versículos da Escritura contidos nele.

Lemos em Hebreus 4:12, "A palavra de Deus é viva e eficaz. Mais afiada que qualquer espada de dois gumes; ela penetra até o ponto de dividir alma e espírito, juntas e medulas, e julga os pensamentos e intenções do coração".

O fato de Deus fazer Sua Palavra penetrar o coração de Kim e ser completamente aplicável às circunstâncias no exato dia em que ela lia é uma das muitas formas de mostrar que Ela é "viva e eficaz".

Além disso, 2 Timóteo 3:16,17 nos diz: "Toda a Escritura é inspirada por Deus e útil para o ensino, para a repreensão, para a correção e para a instrução na justiça, para que o homem de Deus seja apto e plenamente preparado para toda boa obra". Kim encontrou o "sopro de Deus" para o que sua alma precisava em dias específicos.

Como vimos anteriormente, Isaías 55:10,11 diz que a Palavra de Deus não volta para Ele vazia, mas fará o que Ele deseja e alcançará o propósito para o qual foi enviada. Kim viu em primeira mão como a Palavra de Deus – um pouco a cada dia – não voltou vazia. Ela proporcionou o conforto e a segurança necessários, no momento certo.

QUANDO VOCÊ ESTÁ TENTADA A SE PREOCUPAR

Em Mateus 6:25-34, Jesus instruiu Seus seguidores a não serem ansiosos ou preocupados sobre os detalhes da vida cotidiana – onde obteriam a próxima refeição, o que vestiriam, e assim por diante. Ele lhes disse que olhassem em volta e percebessem como Deus alimentava as aves do céu e vestia os lírios do campo. E afirmou que cuidaria ainda mais deles, pois eram muito mais valiosos para Ele:

> Observem as aves do céu. Não semeiam nem colhem nem armazenam em celeiros; contudo, o Pai Celestial as alimenta. Não têm vocês muito mais valor do que elas? [...] Se Deus veste assim a erva do campo, que hoje existe e amanhã é lançada ao fogo, não vestirá muito mais a vocês, homens de pequena fé? (Mt 6:26,30)

E, então, Jesus sustentou Suas palavras dizendo:

> Busquem, pois, em primeiro lugar o Reino de Deus e a sua justiça, e todas essas coisas lhes serão acrescentadas. Portanto, não se preocupem com o amanhã, pois o amanhã trará as suas próprias preocupações. Basta a cada dia o seu próprio mal. (Mt 33,34)

Adoro a tradução dos dois últimos versículos dessa passagem em *A Mensagem*. Eles nos encorajam a olhar o cenário maior – o que Deus está fazendo que não conseguimos ver imediatamente:

> Orientem sua vida de acordo com a realidade, a iniciativa e a provisão de Deus. Não se preocupem com as perdas. E descobrirão que todas as suas necessidades serão satisfeitas. Prestem atenção apenas no que Deus está fazendo agora e não se preocupem quanto ao que pode ou não acontecer amanhã. Quando depararem com uma

situação difícil, Deus estará lá para ajudá-los. (Mt 6:33,34 – AM)

Você entendeu isso? Preste atenção apenas ao que Deus está fazendo *agora* e não se preocupe quanto ao que pode ou não acontecer amanhã. Esse conselho deveria nos manter livres de preocupações ao nos sentirmos tentados a questionar, chorar ou implorar: "Por que isso?".

Kim oferece este conselho para mães que tendem a se preocupar com pequenas coisas: "Aproveite o tempo que lhe foi dado com sua família e amigos, e não deixe que os pequenos acontecimentos da vida tirem sua alegria e paz. Não se preocupe com aquilo que não está sob seu controle porque isso é uma perda de tempo. Sei que é muito mais fácil falar do que fazer, e eu, sem dúvida, era uma dessas mães antes do diagnóstico de minha filha, mas minha perspectiva a respeito da vida mudou definitivamente".

E quando se trata de eventos que ameaçam a vida?

"Confie em Deus com todo seu coração", disse Kim. "Ele tem um plano e Seu tempo é perfeito. Você pode sentir que o fuso horário entre você e Deus é diferente, mas Ele sabe o que está fazendo."

Aí vemos novamente: *Ele sabe o que está fazendo.* É um tema recorrente na vida de uma mãe preocupada com seu filho, com certeza. É outro daqueles segredos que levam a uma vida livre de estresse – ter a segurança de que Deus sabe exatamente o que está fazendo.

O "CORAÇÃO MATERNAL" DE DEUS

Quando Jesus falava sobre Deus em relação aos que confiavam Nele, chamava-O de nosso Pai Celestial. Jesus também contou diversas parábolas para que entendêssemos mais claramente nosso relacionamento com nosso Pai. Mas você sabia que as Escrituras contêm passagens que igualmente nos ajudam a entender o "coração maternal" de Deus?

Acredito que Deus gostaria que nós, como mães, soubéssemos o quanto Ele cuida de nós *e* de nossas crianças, e que está ligado a nossos corações – e a nossas preocupações com elas – não somente como pai, mas também como mãe. Em Isaías 49:15, Deus diz: "Haverá mãe que possa esquecer seu bebê que ainda mama e não ter compaixão do filho que gerou? Embora ela possa esquecê-lo, eu não me esquecerei de você!".

E, em Isaías 40:11, o profeta Isaías faz a seguinte afirmação sobre nosso Deus que cuida das mães e de seus filhos: "Como pastor, ele cuida de seu rebanho: com o braço, junta os cordeiros e os carrega no colo; conduz com cuidado as ovelhas que amamentam suas crias".

Nós temos um Pai Celestial que se preocupa com os detalhes íntimos de nossas vidas. E Ele não está sintonizado apenas em casos de câncer, que ameaçam a vida. Mas cuida igualmente de nossas lutas com alergias, acne e alopecia. Além disso, também nos assiste em casos de problemas de peso e de pele, e em situações que julgamos capazes de afetar negativamente nossas crianças ou suas chances de terem vidas normais e felizes.

O QUE APENAS DEUS SABE

Embora Kim nunca tenha desejado que sua filha sofresse de câncer em qualquer circunstância, ela pode confiante e honestamente dizer que não trocaria aquela experiência por nada. Ela mudou o caráter da jovem de uma forma incrível, e as aproximou ainda mais.

"Tanto Angel como eu nos tornamos mais ligadas uma a outra e, o mais importante, a Deus, durante tudo isso. Testemunhamos mais e mais milagres, conhecemos pessoas impressionantes e inspiradoras (inclusive centenas de jovens pacientes com câncer e suas famílias), e aprendemos a importância de valorizar a vida."

Por meio de tudo que aconteceu, Kim testemunhou a transformação da filha em uma adolescente que valoriza a vida e luta pelas causas em que acredita. Em vez de passar seus fins de semana vagando em shopping centers, Angel organiza comícios e eventos para conscientização e luta contra o câncer.

Ela possui uma página no Facebook chamada Angel's Warriors e, por meio dela, arregimenta guerreiros de oração para se unirem a ela na luta contra a doença – não apenas em favor de Angel, como de muitos outros que ela conheceu que também lutam contra o câncer.[21]

CONFIANDO NO MELHOR

Quantas vezes você e eu deparamos com uma situação e queremos mudá-la, consertá-la ou resgatar nossos filhos dela para poupá-los de qualquer tipo de sofrimento? No entanto, Deus, o Pai perfeito, permite que nossas crianças passem por circunstâncias que as transformem no tipo de adulto que Ele deseja que sejam. Do mesmo modo, permite que as mães vivam situações com seus filhos, as quais as tornam as mulheres que Ele quer que sejam. Nunca estamos velhas demais para sermos forjadas e moldadas à semelhança de Cristo. Além disso, como mencionei no capítulo 1,

21 Infelizmente, Angel perdeu a batalha contra o câncer e faleceu em 18 de setembro de 2016, de acordo com sua página "Angel's Hope", do Facebook (N.E.).

Ele muitas vezes vai nos dar *mais* do que podemos suportar para que saibamos que dependemos totalmente Dele.

"As pessoas me diziam o tempo todo que o Senhor não nos dá mais do que podemos suportar", disse Kim. "Eu discordo. Acredito que o faça porque só assim percebemos que não conseguimos sem Ele. E por que havíamos de querer conseguir?"

Também ouvi muitas mães tentando encorajar umas às outras, ou a si mesmas, dizendo: "Deus não dá o que você não consegue suportar", mas essa promessa ou garantia não está na Bíblia. Foi-nos dito: "Deus [...] não permitirá que vocês sejam tentados além do que podem suportar. Mas, quando forem tentados, Ele mesmo lhes providenciará um escape, para que o possam suportar" (1Co 10:13). No entanto, quando se trata de lutas, não existe tal garantia. Pelo contrário, Deus nos permitirá experimentar mais do que conseguimos suportar a fim de que sejamos dependentes Dele para lidar com elas por nós (Mt 11:28-30). É assim que aprendemos a depender do Pai, que pode fazer por nós o que não conseguimos fazer sozinhos. E é assim que aprendemos a nos refugiar Nele (Sl 32:7) e descansar em Sua capacidade de nos abrigar e proteger (Sl 91:1,2).

EXPERIMENTE ISSO PARA O SEU "POR QUE ISSO?"

Kim não tinha uma estratégia planejada para confiar em Deus quando Angel foi diagnosticada. No início, tentou lidar com as questões sozinha, tal qual fizera durante tanto tempo como mãe solteira. No entanto, foi no dia em que se entregou a Cristo e colocou sua confiança total

Nele que experimentou a paz. Hoje, ela recomenda o seguinte caminho para outras mães que lidam com preocupações e dúvidas.

1. PRIORIZE A PALAVRA DE DEUS

Kim percebeu que tinha de combater suas preocupações com a sabedoria e o conforto encontrados na Palavra de Deus. Então, comprometeu-se com um tempo diário para buscar Deus e Sua Palavra edificadora a fim de não sucumbir às inquietações.

"Minha maior fonte de conforto era definitivamente a Palavra de Deus", disse ela. "Meu tempo devocional era o destaque do meu dia e Deus sempre provinha as Escrituras de que eu precisava no momento exato."

Kim e Angel também se agarraram a Filipenses 4:13 ao longo da luta contra o câncer: "Tudo posso naquele que me fortalece".

"Nada pode ser melhor do que isso", disse Kim.

2. ORE CONTINUAMENTE

"Eu também orava – muito", afirmou Kim. "Tinha conversas com Deus, não necessariamente para pedir algo. Passava muito tempo em silêncio quando Angel estava no hospital, e conversar com Deus me ajudou a atravessar esses longos dias e noites sem perder a cabeça (embora ela esteja repleta de cabelos brancos!). A primeira carta aos Tessalonicenses 5:17 nos diz para 'orar continuamente'".

Kim dá este conselho: "Ore o tempo todo e entenda que, quando o faz, Deus pode não responder a suas orações da maneira como você quer. É a vontade *Dele* que será feita, não a *sua*. Mas, independentemente do resultado, você deve continuar a acreditar e a ter fé. Não estou dizendo que isso é fácil. Segurei nas mãos de várias mães que tiveram que enterrar um filho... mas você ainda deve acreditar que Deus usará até mesmo a tragédia para aproximar alguém Dele".

3. LOUVE A DEUS PELO BOM – E PELO RUIM

"Se Ele é digno de ser louvado nos bons momentos, por que não nos ruins?", perguntou Kim. "É quando você deveria louvá-Lo ainda mais; é o momento em que sua fé está sendo posta à prova."

Louvar a Deus até mesmo quando estamos nos perguntando "Por que isso?" ajuda a mudar nossa perspectiva e a nos lembrar de que Ele realmente está no controle de tudo. A Escritura apoia a sugestão de Kim. Em 1 Tessalonicenses 5:18 – logo depois que nos é dito que oremos continuamente –, somos instruídos: "Deem graças em *todas* as circunstâncias [não apenas nas boas]; pois esta é a vontade de Deus para vocês em Cristo Jesus".

4. BUSQUE UMA COMUNIDADE DE APOIO

Kim disse: "Outra grande fonte de conforto veio em forma de textos, telefonemas, mensagens, e-mails e cartões de amigos, familiares e até estranhos. Cada um trazia uma palavra ou oração de encorajamento, amor e apoio, e isso me ajudou a atravessar cada dia".

Em Eclesiastes 4:9-12, nos é dito que Deus nos confere força sempre que há outras pessoas em torno de nós para nos aperfeiçoar, nos encorajar e nos manter de pé quando estamos prestes a cair:

> É melhor ter companhia do que estar sozinho, porque maior é a recompensa do trabalho de duas pessoas; se um cair, o amigo pode ajudá-lo a levantar-se. Mas pobre do homem que cai e não tem quem o ajude a levantar-se! E, se dois dormirem juntos, vão manter-se aquecidos. Como, porém, manter-se aquecido sozinho? Um homem sozinho pode ser vencido, mas dois conseguem defender-se. Um cordão de três dobras não se rompe com facilidade.

Há alguém a quem você possa recorrer a fim de obter apoio quando acontece uma tragédia? Você não foi feita para passar por nada sozinha, especialmente como mãe.

BUSCANDO A RESPOSTA

É natural esperar uma resposta quando perguntamos: "Por que isso?". Queremos que Deus desdobre Seu plano diante de nós (acho que para permitir que Ele saiba se o aprovamos ou não). Ele, no entanto, não fará isso. O Pai quer nossa fé e confiança. A fé acredita que Deus é bom e capaz, sem precisar ver para onde Ele conduzirá a situação. Por isso, em vez de procurar respostas para o seu "Por que isso?", aconselho-a a procurar A Resposta – o Senhor Jesus Cristo, aquele que mantém a vida de seu filho, e a sua, em Suas mãos poderosas.

COLOCANDO EM PRÁTICA: CONFIANDO NO TRABALHO INVISÍVEL DE DEUS NA VIDA DELES

1. Complete a tabela a seguir escrevendo na coluna da esquerda todas as perguntas "Por que isso?" que você faz a respeito de seu filho. Então, na coluna da direita, liste todos os aspectos positivos que já estão surgindo com a situação. Se for difícil praticar esse exercício, peça a Deus que abra seus olhos para enxergar as situações sob a perspectiva Dele. Pense também sobre traços de caráter e o desenvolvimento a longo prazo de seu filho. (Por favor, não pule essa etapa. Exercícios como este são fundamentais para sua compreensão de como Deus trabalha em nossas vidas, e é essa compreensão que lhe proporcionará paz nos dias que se seguirão.)

"Por que isso?" do meu filho	Como Deus deve estar atuando

2. À luz do que você escreveu acima, louve a Deus pelo que Ele está fazendo com uma nota de agradecimento em uma oração de uma ou duas frases. (Um dia, mais tarde, você pode querer compartilhar isso com seus filhos a fim de construir a confiança deles em como Deus atuou – ou continua a atuar – em suas vidas.)

___

___

___

TORNANDO-SE UMA MÃE SEM ESTRESSE – NA COMUNIDADE

Para análise ou discussão: qual foi o maior "Por que isso?" contra o qual você lutou até agora?

1. Compartilhe o que aprendeu com o grupo, após completar a tabela da página 95.

2. O que os versículos seguintes têm a dizer sobre o trabalho invisível de Deus na vida de suas crianças?

ISAÍAS 55:8-11

JEREMIAS 29:11-13

ROMANOS 8:28,29

FILIPENSES 1:6

FILIPENSES 4:12,13

3. Dividam-se em grupos de dois ou três. Ore para seus próprios filhos ou os de outra pessoa, inserindo seu(s) nome(s) nos espaços em branco:

> Senhor, obrigada por Teus pensamentos e caminhos serem muito mais elevados do que os meus e por saberes o que é melhor quando se trata do que ____________ precisa para um dia ser mais como Tu. Confio que Tu irás atuar para o bem em qualquer coisa que acontecer na vida de ________________ e que completarás o que começaste no coração de ______________. Obrigada por, como mãe, eu fazer tudo em Cristo, que me fortalece. Obrigada por ______________ fazer todas as coisas em Ti também. Faz com que Tua presença seja mais real para nós em todas as situações que vivermos. Confio em Ti e em Teu glorioso trabalho invisível em nossas vidas.

4º SEGREDO
Confiar em um Deus imutável e inabalável

CAPÍTULO 4

SERÁ QUE ELES NUNCA PASSARÃO DESSA FASE?

Judy recorda quando seu filho adolescente não tinha motivação para fazer *nada*.

"Ele é muito inteligente e realiza suas tarefas em sala de aula. Ele simplesmente não se acalma. Ou se esquece ou não *sente* vontade de fazer um esforço extra para se acalmar. Não sei o que há de errado com ele. É tão frustrante."

Eu já ouvira a história de Judy antes, mas contada por Julie. E Mary. E Tina. E inúmeras outras mães que falavam comigo sobre a fase de "falta de motivação" dos filhos adolescentes sentadas à minha mesa, em pequenos grupos de conversa, por telefone ou e-mail. Ou abordavam as variações de humor do filho de doze anos. Ou o período de testar os limites de seu pequeno de cinco anos. Nenhuma dessas mães se refere ao comportamento dos filhos como uma etapa, período ou fase quando extravasavam sua frustração, mas é exatamente o que acaba sendo. Uma fase temporária. Frustrante. Uma etapa que, por fim, terminou.

Em determinados casos, durou apenas alguns meses. Na maioria, cerca de um ano. Em *todos* eles, no entanto, era um período limitado, um pequeno acidente de percurso no crescimento, uma fase na vida da criança.

Judy a resumiu bem quando almoçamos juntas recentemente. Agora que seu filho está com vinte e poucos anos e é bastante responsável, ela disse: "Acredito que a maioria das coisas sobre as quais nos preocupamos é parte de uma fase pela qual nossas crianças passam. Uma fase que por fim acaba e, então, elas parecem voltar ao normal. Todas as fases pelas quais meus filhos passaram, fossem boas ou ruins, parecem ter mudado com o tempo. Perdi muito tempo me preocupando com algo que sequer era um problema um ano mais tarde."

A CULPA É DA FASE

No início de minha maternidade, ouvi de algumas mães mais experientes e avós bem-intencionadas que eu nunca poderia justificar o comportamento de meu filho como uma "fase" pela qual ele passava.

"Crianças não passam por fases, elas pecam", disseram-me. "E, portanto, o comportamento delas é resultado de seu pecado, e não de uma fase."

Bem, sim... e não.

Segundo a Bíblia, somos todos pecadores (pais *e* filhos), e estamos destituídos da glória de Deus (Rm 3:23). Portanto, precisamos de um Salvador e da habitação do Espírito Santo em nós para nos afastar do pecado. E, considerando que todos nós passamos por estágios de crescimento na vida como cristãos, passaremos por fases de desobediência a Deus, de "testar Seus limites" e de lidar com as consequências de nossos pecados ao aprender a obedecer-Lhe e caminhar mais perto Dele.

Mãe, há momentos em sua vida em que você não se encontra tão feliz ou sociável como normalmente costuma ser. Há momentos em que está mais melancólica, mal-humorada e irritável. Assim como as fases da vida trazem diferentes estados de humor, experiências e perspectivas, o mesmo ocorre com suas crianças. E talvez ainda mais, uma vez que estão crescendo e se desenvolvendo. Na verdade, as diferentes fases de nossos filhos também podem equivaler a diferentes estágios de preocupação pelos quais passamos como mães.

Ao mesmo tempo em que precisamos discernir entre um período normal da vida e o que é de fato um problema com o qual nossas crianças precisam de ajuda, é importante manter em mente que a maior parte das mudanças pelas quais elas passam – e as aflições que causam – são temporárias.

AS FASES PELAS QUAIS TODOS PASSAMOS

A Palavra de Deus fala de fases e períodos normais de nossa vida. No capítulo 1, demos uma breve olhada em Eclesiastes 3 e aprendemos que, independentemente do que aconteça em nossa vida, não há um momento em que estamos sós ou que somos inelegíveis para a ajuda de Deus. Então, quero olhar mais uma vez aquela passagem, mas agora um pouco mais de perto.

Em Eclesiastes 3:1-8, Salomão escreveu o seguinte sobre as fases da vida:

> Para tudo há uma ocasião certa; há um tempo certo para cada propósito debaixo do céu.

Tempo de nascer e tempo de morrer.
Tempo de plantar e tempo de arrancar o que se plantou.
Tempo de matar e tempo de curar.
Tempo de derrubar e tempo de construir.
Tempo de chorar e tempo de rir.
Tempo de prantear e tempo de dançar.
Tempo de espalhar pedras e tempo de ajuntá-las.
Tempo de abraçar e tempo de se conter.
Tempo de procurar e tempo de desistir.
Tempo de guardar e tempo de jogar fora.
Tempo de rasgar e tempo de costurar.
Tempo de calar e tempo de falar.
Tempo de amar e tempo de odiar.
Tempo de lutar e tempo de viver em paz.

Uma vez que essa passagem é um comentário sobre a vida, ela também pode servir como um comentário sobre a vida da criança. Em alguns momentos, seu filho estará feliz, sorridente e cheio de vida. Em outros, estará sério, mal-humorado e mais contemplativo do que alegre. Haverá momentos em que sua filha será a vida da festa e a estrela brilhante entre aqueles que a conhecem, e outros em que não estará tão popular ou entusiasmada. Deixe suas crianças, independentemente da idade, passarem pelas fases da vida e aprenderem com elas. Eclesiastes 7:3 diz: "A tristeza é melhor do que o riso, porque o rosto triste melhora o coração". A experiência do crescimento inclui muitas fases diferentes – até mesmo aquelas às quais é difícil assistir. Você e eu podemos olhar para aquela passagem em Eclesiastes como uma prévia da maternidade/paternidade. Além disso, ela também descreve os diferentes estágios pelos quais você irá passar – como mulher, como mãe ou como uma pessoa preocupada (em recuperação, claro!).

Leia o trecho novamente como foi traduzido em *A Mensagem* (e observe meus comentários entre colchetes para ajudá-la a aplicá-lo à maternidade):

> Nessa vida tudo tem sua hora; há um tempo certo pra tudo:
> Há hora de nascer [para seus filhos] e hora de morrer [para seus filhos],
> Há hora de plantar [cuidar e investir na vida de seus filhos] e hora de colher [deixá-los cuidar de você],
> Há hora de matar [parar, apagar ou deixar morrer algo] e hora de curar [retomar, restaurar ou trazer de volta],
> Há hora de destruir [repreender alguma coisa] e hora de construir [edificar algo ou alguém],
> Há hora de chorar e hora de rir,
> Há hora de lamentar [lamentar sobre o comportamento de seus filhos] e hora de se alegrar [elogiar e encorajar o comportamento deles],
> Há hora de fazer amor [quando eles são casados – instruções da Palavra de Deus] e hora de se abster,
> Há hora de abraçar e hora de se afastar,
> Há hora de ganhar e hora de contar as perdas,
> Há hora de segurar [seus filhos] e hora de largar [quando eles se tornam mais velhos],
> Há hora de arrancar [censurar e mantê-los afastados de certas coisas] e hora de consertar [devolver algo que lhes foi tirado],
> Há hora de calar e hora de falar [autoexplicativo e muito relevante para mim!],
> Há hora de amar [e apoiar] e hora de odiar [algumas das coisas que seus filhos fazem ou as influências pouco saudáveis na vida deles],

> Há hora de iniciar a guerra [confrontar, repreender, lutar] e hora de fazer a paz [perdoar e restaurar].

Você percebeu o que falta na lista de fases anterior? A Escritura não diz que há "uma hora certa para se preocupar e uma hora certa para confiar". Isso porque não existe um tempo certo para se preocupar – apenas para confiar que o Deus das fases e etapas da vida é soberano sobre todas elas na vida de seu filho também.

A HORA DE CONFIAR

Não há uma hora certa para preocupações, medo ou dúvida, pois seria o mesmo que dizer: "Não acredito que Deus seja capaz de lidar com isso".

Certa vez, um escritor disse: "Acredite que Deus é sempre Aquele que você conhece quando está mais perto Dele. Então, pense como é desnecessária e desrespeitosa a preocupação!".[22] Ele também observou: "Nada em nossas vidas é um mero detalhe insignificante para Deus".[23]

Assim, nunca há um tempo para desconfiar de Deus, para duvidar que Ele esteja atuando nos detalhes da vida de seu filho, ou para temer que Seu plano não seja o melhor para ele. Talvez você esteja pensando: *posso recordar diversos períodos de preocupação que tive em minha vida.* Talvez, mas Deus nunca quis que aquele fosse para você um tempo de se preocupar, mas de confiar.

---

22 CHAMBERS, Oswald. *My utmost for His highest: An updated edition in today's language* [Editado por James Reimann]. Grand Rapids, MI. Discovery House. 2 de janeiro. (CHAMBERS, Oswald. *Tudo para Ele*. Belo Horizonte: Editora Betânia, 1988.)

23 CHAMBERS, Oswald. *Op. cit.* 15 de abril.

O TEMPO DE PREOCUPAÇÃO DE NANCY

Nancy se lembra de um período de preocupação em sua vida responsável por abrir o caminho para um tempo de confiança. Tudo girava em torno de uma fase pela qual sua filha adolescente passava.

"O período mais estressante para mim foi quando minha filha estava com cerca de quatorze, quinze anos de idade, no final de seus anos no Ensino Médio, quando ela caiu em algum tipo de autoconsciência e depressão", disse Nancy. "Foi muito assustador para mim!"

Nancy não esperava que a filha, Amanda, caísse em um estado de depressão, especialmente porque não tivera um pai durante seu crescimento e agora havia um, uma vez que a mãe acabara de se casar um ano antes.

Entretanto, quando a jovem iniciou o Ensino Médio e começou a sair com amigos que se vestiam de maneira diferente, Nancy se preocupou. Ela testemunhou a gradual transformação de sua alegre, sociável e extrovertida filha em alguém bastante diferente.

"Amanda se tornou quieta e parecia triste. Alguns diziam que eram os hormônios e que ela estava passando por mudanças naquela idade. Meu marido e eu continuamos a conversar e a fazer atividades com ela, mas nossa filha ainda se afastava.

Ela passou a querer sair sozinha com os novos amigos, e nós não deixávamos. Eu era um pouco rigorosa e não a deixava ir ao centro da cidade desacompanhada para sair com pessoas desconhecidas. O que eu sabia era que todos esses outros garotos haviam abandonado a escola e tinham a tendência de ser um grupo da pesada, e não achava apropriado minha filha de quatorze anos sair por aí com jovens que não tinham objetivos e aspirações, ou um relacionamento com Deus.

Meu marido, no entanto, achava que eu era rigorosa demais e que devia deixar Amanda sair com os amigos. Ele dizia que ela era uma boa garota e que eu tinha que confiar em Deus.

Depois de contestar repetidamente, por fim cedi ao conselho de meu marido e a deixei ir para a cidade com os amigos. No entanto, como não gostava daquilo e não me sentia bem, orei muito, pedindo a Deus que a vigiasse. Certifiquei-me de levá-la e buscá-la, bem como de definir horários para ela. Depois que a deixei sair com os amigos, ela tirou vantagem disso e não me ouvia, e as coisas ficaram piores. Amanda tornou-se quieta, reclusa, deprimida e começou a cortar o próprio corpo. Foi durante uma visita ao médico, quando mediram sua pressão arterial (ela estava com resfriado ou gripe), que deparei com as marcas. Eu não fazia ideia! Foi o momento mais assustador para mim. Senti-me ingênua por não saber. Tinha consciência de que ela não era mais a garota alegre que costumava ser por causa das roupas diferentes que usava, dos novos amigos na escola (não os usuais), mas todo o resto parecia bem. As pessoas me diziam que ela era uma típica criança rebelde e que essa era uma fase pela qual todas passam. Entretanto, pensei comigo mesma: *não passei por essa mudança dramática.*

Conversei com Amanda e perguntei a ela se havia algo sobre o que ela gostaria de falar. Eu sempre repetia que estaria ao seu lado, independentemente do que fosse, que a amava, assim como Deus também. Eu a levei para fazer terapia. Experimentamos um terapeuta recomendado pelo consultório de nosso médico e depois marcamos consultas com alguém da igreja. Continuei a ouvir que aquela era uma fase pela qual minha filha passava e que eu precisava ser paciente.

Com o passar do tempo, lutei e orei muito, e orei um pouco mais. Então, assisti a um culto da igreja em que o pastor falou que a preocupação era um pecado. Arregalei os olhos! Disse a mim mesma: *então eu sou uma grande pecadora, pois me preocupo com minha filha o tempo inteiro!* Levei cerca de dois anos para realmente entender o que significava não me preocupar. Eu sempre havia frequentado a igreja, mas percebi que nunca, de fato, lera a Bíblia. Continuei indo à igreja e, com o passar do tempo, aprendi a deixar as coisas acontecerem e a confiar mais em Deus. Relaxar em relação à Amanda foi difícil para mim, especialmente porque eu lutava contra um sentimento de que poderia ter feito mais para protegê-la, de modo que ela não tivesse se tornado deprimida e passado por tudo aquilo que estava vivendo.

Conforme o tempo passou, as coisas passaram a ficar mais fáceis – especialmente por continuar me comunicando com ela, amando-a, ensinando-a e aprendendo a relaxar ainda mais em relação a ela e a confiar mais em Deus. Não posso realmente dizer ou lembrar o momento exato em que tudo mudou, mas foi algo gradual para ambas, aprender a confiar e a acreditar em Deus. Amanda ainda enfrenta dificuldades para ser responsável, como qualquer adolescente, mas aprendi a dar um passo para trás e deixá-la cometer os próprios erros a fim de que aprenda com eles. Continuo atenta a ela, mas tento não a controlar.

A paz chegou para mim no momento em que comecei a desenvolver um relacionamento com Deus e quando mantive minha posição com minha filha em certas convicções que eu tinha. Eu lhe explicava minhas razões e dizia que ela também devia confiar no Senhor."

O estado depressivo de Amanda *era* só uma fase. Uma fase que ela conseguiu atravessar, principalmente por sua mãe ter aprendido a confiar em Deus em relação às mudanças.

SOBREVIVENDO AOS VENTOS DA MUDANÇA

Aqui estão algumas formas práticas de manter a sanidade durante as várias mudanças e fases pelas quais seu filho passa. Esses passos também devem ajudá-la a encontrar sua estabilidade para confiar no Deus que tem tudo sob controle.

1. APRENDA A RESPONDER EM VEZ DE REAGIR

Em seu livro *Have a New Kid by Friday*,[24] o Dr. Kevin Leman diz: "Muitas vezes nós reagimos em vez de responder. Nossas emoções nos motivam e falamos ou agimos sem pensar antes". Isso pode agravar a situação entre o pai e o filho, especialmente se o primeiro reage com as emoções a coisas que não entende (como a escolha de vestuário ou um pedido incomum do filho).

Leman explica a diferença entre responder e reagir: "Se o médico diz 'você respondeu à sua medicação', isso é bom. Se ele diz: 'você reagiu à sua medicação', é ruim".

De acordo com Leman, reagir é dar uma resposta emocional e com a primeira coisa que vem à cabeça, em vez de pensar com cuidado sobre a situação. Assim, em lugar de reagir a algo que seu filho poderia dizer sobre

---

24 LEMAN, Kevin. *Have a New Kid by Friday*. Grand Rapids: Revell, 2008. (edição brasileira: *Transforme seu filho até sexta*. São Paulo: Mundo Cristão, 2009.)

uma má conduta ou um pensamento irracional, responda dizendo: "Fale-me mais a respeito disso".[25]

2. APRENDA A RIR

Antecipar cada estágio pelo qual seu filho passará vai ajudá-la a ter senso de humor. Recentemente, minha amiga Brenda e eu rimos das diferentes fases pelas quais nossos filhos passaram. Com isso, descobrimos que todos os pais vivenciam as mesmas. Há o período das "perguntas", quando as crianças querem saber de onde todas as coisas vêm e como tudo funciona, e nós não somos capazes de responder a alguns desses questionamentos. Há a fase do "Por quê?", quando elas agem de forma desafiadora e nós tentamos sair de certas situações respondendo: "Porque sim". Então, há a fase da "vergonha", quando o simples fato de nós aparecermos e respirarmos já envergonha nossos filhos.

Depois, há a fase do "Sou um motorista perfeito", quando eles recebem a primeira carteira de motorista e corrigem cada manobra que fazemos ao volante (porque estão recém-familiarizados com as regras de direção com as quais estamos enferrujados). Então, há a fase do "sabe-tudo", que ocorre quando eles recebem o certificado do Ensino Médio (como se fosse uma grande conquista),[26] e se tornam especialmente irritantes no terceiro ou quarto ano da faculdade, quando acreditam possuir conhecimentos especiais sobre a psique humana (de suas aulas de psicologia) e a certeza de que, sozinhos, poderiam resolver os problemas do mundo se recebessem essa incumbência.

---

25 LEMAN, Kevin. *Have a New Kid by Friday*. Grand Rapids: Revell, 2008. p. 49. (edição brasileira: *Transforme seu filho até sexta*. São Paulo: Mundo Cristão, 2009.)

26 Nos Estados Unidos é permitido ter habilitação a partir dos 16 anos, ou seja, idade em que o adolescente ainda não se formou no Ensino Médio (N.E.).

Brenda sugeriu: "Mantenha os filhos envolvidos em tarefas, especialmente durante a fase 'sabe-tudo' do Ensino Médio, para que, quando chegarem em casa, queiram comer, fazer os deveres e dormir. Assim, eles não terão tanto tempo para inventar coisas como provocar outras pessoas ou arrumar problemas".

3. APRENDA A CONTAR ATÉ DEZ

Uma mãe me disse que "conta até dez" em todas as situações em que se sente tentada a explodir. Ser paciente, respirando fundo e contando até dez, garante que nossas respostas não sejam impulsivas e dramáticas quando nossos filhos estão em ação.

4. APRENDA COM AS MÃES QUE JÁ PASSARAM PELO MESMO

Frequentemente, Deus fala conosco por meio da sabedoria de outras pessoas. Minha amiga Judy diz: "Além de orar com as Escrituras para meus filhos, acredito muito em conversar com pessoas caridosas que estejam vivendo as mesmas coisas com os filhos, ou aquelas que passaram por situações difíceis e podem oferecer visões bíblicas". Novamente, caso não tenha um grupo de mães para lhe dar esse tipo de apoio, reveja as sugestões no final do capítulo 1 e encontre uma comunidade de mães conselheiras.

5. APOIE-SE NA PALAVRA DE DEUS

A Bíblia nos confere palavras de encorajamento sobre como resistir ao inesperado ou às situações assustadoras na vida. E essas mesmas palavras podem ser aplicadas durante as fases da vida de seus filhos, quando começa a parecer que eles estão rumando para o pior.

Por exemplo, Salmos 55:22 nos diz: "Entregue suas preocupações ao SENHOR, e ele o susterá; jamais permitirá que o justo venha a cair". E em Salmos 46:1-3 nos é dito:

> Deus é o nosso refúgio e a nossa fortaleza, auxílio sempre presente na adversidade. Por isso não temeremos, ainda que a terra trema e os montes afundem no coração do mar, ainda que estrondem as suas águas turbulentas e os montes sejam sacudidos pela sua fúria.

Esses versículos podem ser aplicados quando você está preocupada ou temerosa a respeito de uma fase pela qual seu filho esteja passando. Às vezes, pode parecer que a terra está tremendo e os montes estão afundando no mar quando seu filho passa por um período desafiador ou lida com alguma dificuldade física, emocional ou social. Ainda assim, de acordo com essa passagem, Deus é seu auxílio sempre presente nas adversidades.

As Escrituras também nos proporcionam paz quando as utilizamos para orar sobre nossos filhos durante fases difíceis e confusas. Judy, cujas preocupações você leu no início deste capítulo, disse: "Eu perdi muito tempo valioso me preocupando para nada quando, em vez disso, poderia estar orando versículos das Escrituras para meus filhos".

ENCONTRE SUA ESTABILIDADE

Conforme mencionado no capítulo 1, as Escrituras dizem que Deus "não muda como sombras inconstantes" (Tg 1:17). E, em Salmos 31:2, Deus é descrito como uma "rocha de refúgio" e "fortaleza poderosa". Sou grata por

Deus ser definido nas Escrituras como nossa "rocha", e não nossa montanha-russa, como "refúgio" inabalável e "reduto", em vez de nossa experiência de altos e baixos das quais nunca sabemos o que esperar. E é aí que reside outro segredo para não nos preocuparmos: Ele é um Deus firme para o qual podemos correr no meio das mudanças e incertezas.

Neste mundo de mudanças – no qual você e seu filho tentam navegar –, vamos dar uma olhada no que nunca muda:

- O tempo de vida destinado a nossos filhos (Sl 139:16).
- A presença confortadora de Deus (Sl 139:7-12; Hb 13:5).
- A misericórdia e a fidelidade infinitas de Deus (Lm 3:22,23).
- O registro histórico de providência, proteção e benevolência de Deus (Sl 136).
- A verdade e o poder da Palavra de Deus (2Tm 3:16).
- O amor indivisível de Deus por aqueles que depositam sua confiança Nele (Rm 8:38,39).

Além de jamais mudar, Deus nunca perde nada. Muitas coisas podem ocorrer na vida – até mesmo em nossa própria casa – sem que saibamos. Nossas crianças podem passar a perna em nós. No entanto, nada pega Deus de surpresa. E, com Ele ao seu lado direito, você se encontra em um lugar inabalável. Nos Salmos 16:8, David diz: "Sempre tenho o Senhor diante de mim. Com ele à minha direita, não serei abalado".

A DECISÃO É SUA

Você tem esse tipo de confiança? É capaz de dizer: "Eu não serei abalado"? Você pode. Com Deus à sua direita, você pode se manter firme e ser uma força constante e inabalável na vida de seu filho, independentemente do que ele ou ela estejam vivendo.

A decisão é sua. Você vai cruzar os braços diante da própria preocupação durante as fases que seu filho atravessar? Ou confiará que Deus caminhou por elas antes de você e pode ajudá-la a caminhar também? Nos próximos dias, oro a fim de que você veja seu *período de preocupação* como um *tempo para confiar* que Ele é capaz de conduzi-la em uma *nova fase de paz.*

COLOCANDO EM PRÁTICA: ORANDO PARA O INABALÁVEL

Senhor Deus, Tu és a minha Rocha de Refúgio e minha Fortaleza. Sou muito grata pelo fato de as Escrituras não Te definirem como um Tronco de Madeira Flutuante, nunca duas vezes no mesmo lugar. Como meu Rio correndo constantemente ou minha Energia temperamental, cujas reações não podem ser previstas. Em vez disso, as Escrituras dizem que Tu és minha Rocha, meu Refúgio, minha Torre alta. Inabalável. Imutável. Firme. Sempre no mesmo lugar. Eu não preciso correr atrás de Ti e tentar Te pegar. Não preciso tentar Te encontrar, porque Tu nunca sais. E eu não preciso estar constantemente em guarda por medo de que Tu mudes. Tu és minha Rocha, não minha Montanha-russa – minha inabalável Rocha de refúgio para onde sempre posso ir.[27]

---

27 MCMENAMIN, Cindi. *God's Whispers to a Woman's Heart*. Eugene, OR: Harvest House, 2014. p. 160. (*Sussurros de Deus ao coração de uma mulher*, tradução livre, ainda sem edição brasileira).

Obrigada, Senhor, por, apesar das diferentes fases de desenvolvimento e crescimento de meu filho, Tu seres o mesmo, Deus de confiança em todas elas. Ajuda-me a ser uma mãe que responde, em vez de reagir, e que aprende a rir e a encorajar com paciência o meu filho. Ajuda-me a confiar em Teu mundo imutável quaisquer que sejam os acontecimentos com que eu depare pela frente.

Dependo de Ti como minha Torre Alta (Sl 46:1), minha Fortaleza, meu Libertador (Sl 18:2) e Aquele que está à minha direita (Sl 16:8). E obrigada por conduzir meus filhos durante cada fase da vida deles.

TORNANDO-SE UMA MÃE SEM ESTRESSE – NA COMUNIDADE

Para análise ou discussão: em que fase de sua vida seu filho se encontra agora? Se não houver uma palavra para ela, invente um nome criativo e compartilhe com o grupo (tome nota de outras mães cujas crianças estejam em uma fase igual ou parecida).

1. O que você está aprendendo a respeito de Deus e de seu filho nessa fase da vida dele?

____

____

____

____

2. Leia os versículos que seguem e anote todas as maneiras pelas quais Deus é um auxílio em seus momentos de incerteza ou angústia.

SALMOS 62:5-7

____

____

____

SALMOS 71:3

SALMOS 91:1,2

ISAÍAS 26:4

3. Considere a fase ou etapa pela qual seu filho está passando e faça uma lista de algumas formas práticas por meio das quais você pode:

Responder em vez de reagir	
Manter o senso de humor	
Expressar paciência	
Aprender com outras mães	
Apoiar-se na palavra de Deus	

4. Há algum versículo específico neste capítulo que tenha se destacado para você? Escreva-o no espaço a seguir, e deixe que ele a ajude na atual fase da vida de seu filho e nas que ainda virão. (Talvez você também queira acrescentar o nome dele no versículo.)

5º SEGREDO

Entregar a vida social deles a Deus

CAPÍTULO 5

COM QUEM VOCÊ ESTÁ ANDANDO?

Terri lutou contra o medo, a preocupação e o estresse por quase trinta anos durante a criação de seus dois filhos até a fase adulta. Para ela, um dos aspectos mais assustadores da maternidade foi ver os dois fazerem amizades e se envolverem em situações sociais que não pareciam saudáveis.

"Meus filhos frequentaram escolas públicas em uma região bem violenta", disse Terri. "Lembro-me de minha filha ter aulas do Ensino Médio com vários alunos de um grupo 'gótico'. Orei para que ela fosse sábia em relação às amizades que fazia e não se deixasse influenciar negativamente por outras pessoas.

Certo dia, ao voltar da escola para casa, começamos a conversar sobre seus colegas e se havia algo sobre o qual eu podia orar. Ela respondeu:

– Mãe, você sabe que os góticos parecem realmente assustadores, mas, lá no fundo, eles são como eu, pessoas normais.

Então, eu percebi que minha filha os tinha visto pelos olhos de Jesus. Eu era a única preocupada sobre a influência dos góticos, e Deus movia minha filha para me lembrar de como Ele via e cuidava daquelas crianças também."

Enquanto a filha de Terri permaneceu intocada por sua amizade com o grupo de góticos, seu filho trouxe mais medos à vida dela ao ir para a faculdade e se juntar a uma fraternidade que se dizia contrária às vontades dos pais.

"Descobrimos que os garotos da fraternidade que tinham 21 anos haviam recebido autorização para consumir bebidas alcóolicas na casa, assim como os ex-alunos", disse Terri. Ela estava preocupada que o filho, Kevin, ainda menor de idade, fosse pressionado a beber.

"Ele nos assegurou que faria as escolhas certas e que precisávamos confiar nele. Eu orava constantemente. Imaginei que a pressão dos colegas para que se juntasse a eles fosse intensa."

No entanto, assim como ocorrera com sua filha e os góticos, Kevin não estava sendo negativamente influenciado pela fraternidade, como Terri temia. Na verdade, o oposto aconteceu.

"Depois de dois anos na fraternidade, meu filho decidiu concorrer a presidente da casa e torná-la um local sem bebidas alcoólicas. Ele venceu as eleições, e muitos dos membros antigos se mudaram, pois a decisão de retirar as bebidas alcoólicas não foi bem aceita, mesmo pelos ex-alunos. Eu louvei a Deus por conferir a meu filho a convicção, a força e a obediência para se posicionar contra a bebida. No fim, o que começou com circunstâncias assustadoras para mim – sua adesão a uma fraternidade e a exposição a tantos comportamentos ruins – resultou em louvor e em um testemunho de obediência por meu filho não ter cedido aos caminhos do mundo."

Terri afirmou que, durante os anos em que criava os filhos, ela orava os Provérbios 1:10 para eles: "Meu filho, se os maus tentarem seduzi-lo, não ceda!".

Ela se preocupara com o fato de que ambos, a filha e o filho, fossem negativamente influenciados por outros jovens com quem conviviam. No entanto, seus filhos terminaram sendo uma influência positiva aos jovens ao redor deles.

Chegará o dia, se é que ainda não chegou, em que você não gostará ou aprovará as outras crianças, adolescentes ou jovens com quem seu filho andará. Podemos controlar isso apenas por algum tempo, e então eles, por fim, escolherão os próprios amigos. É quando precisamos orar para que Deus examine nosso coração e nos forneça sabedoria. Será que estamos com medo do que não sabemos? Será que estamos assumindo que nossas crianças serão seguidoras em vez de líderes? Será que estamos subestimando a capacidade de Deus de usar nossos filhos para influenciar outros?

POR QUE NOS IMPORTAMOS TANTO

Quando você e eu éramos pequenas, ser aceita por outras garotas de nossa idade e realmente ser apreciada pelo que éramos significava tudo para nós. Sim, teria sido ótimo ser popular e querida por todos. No entanto, apenas saber que tínhamos amigos – ou até mesmo uma melhor amiga – era o que realmente importava.

Não sei se somos capazes de superar isso até descobrirmos quão aceitas somos por Deus, que enviou seu filho, Jesus, para morrer na cruz por nós e nos redimir de nossos pecados. Quando percebemos nosso grande significado para Deus, ser aceita por outras pessoas perde sua importância em nossa vida. Até chegarmos a esse ponto, porém, a aceitação e a apreciação de quem somos pelos outros continua importante para nós.

Não admira que nos preocupemos tanto com os amigos de nossos filhos (ou a falta deles).

PREOCUPAÇÕES DE KRISSY

Krissy é professora do Ensino Fundamental e mãe de uma menina de nove anos e um garoto de seis, que frequentam sua escola. Mesmo com sua presença ali, ela se preocupa com o desenvolvimento social e a capacidade de fazer amigos de seus filhos.

"A maior parte de minhas preocupações a respeito deles agora está relacionada com sua vida social", revelou ela. "Ambos me dizem que não têm nenhum amigo. Eles preferem passar os intervalos e a hora do recreio na minha sala, porque não conseguem criar laços com os colegas. Percebo que me preocupo constantemente se eles serão ou não aceitos pelos outros. Preocupo-me que estejam se adaptando e fazendo amigos. Preocupo-me que sejam vistos como esquisitos ou diferentes. Eles são muito emotivos, e fico me perguntando se estão sendo ridicularizados.

Como professora do Ensino Fundamental, tenho acompanhado como as crianças podem ser cruéis umas com as outras. Tenho visto como se tratam quando pensam que os adultos não estão olhando. Temo que meus filhos fiquem sujeitos à dureza do mundo à volta deles antes de serem capazes de lidar com isso da maneira apropriada. Muitas vezes fico ansiosa com a possibilidade de a porta se abrir e um deles entrar chorando porque alguém não o aceitou pelo que ele é."

A filha de Krissy foi diagnosticada recentemente com TDAH por um médico e um psiquiatra infantil. "Ela fica emotiva e suas reações a situações geralmente não são adequadas à sua idade", disse Krissy. "Ela tem tomado diversas medicações, e a cada vez que uma não funciona torna-se mais angustiante. Às vezes, ela se frustra com as próprias atitudes. E frequentemente se deprime porque tem que trazer para casa uma quantidade insana de tarefas, pois não consegue se concentrar na sala de aula.

Vejo sua luta todos os dias. Algumas vezes, eu a observo de longe. Ela se senta à margem e raramente interage com os outros ao seu redor. Ela se agita, olha para o teto, ou brinca com coisas aleatórias como os dedos, por exemplo. Se interage com as outras crianças, muitas vezes é de forma inapropriada ou imatura. Fica excessivamente agitada a ponto de parecer fora de controle. Temo que, quando ela se tornar mais velha, os outros garotos comecem a perceber que seu comportamento não é 'normal' e ela acabe sendo rejeitada."

O filho de Krissy também teve dificuldades sociais. Ele está no primeiro ano, e ela percebe nele muitas das mesmas características que sua filha apresentava naquela idade.

"Tenho receio de que ele tenha que lutar da mesma forma que ela."

As preocupações e frustrações de Krissy não são exclusivas. Como qualquer mãe, ela quer proteger os filhos, resolver os problemas, ajudá-los a se ajustarem, torná-los "normais".

"Gostaria de poder protegê-los das frustações pelas quais vão passar", disse ela. "Sou a mamãe. Supostamente, a mamãe deveria tornar tudo melhor. Ela deveria beijar as feridas e consertar tudo, mas não consigo consertar isso. Não posso apenas colocar um Band-Aid e fazer com que acabe.

Tenho que admitir que não encontrei a paz completa nessa situação. Deus ainda está lidando comigo cotidianamente. É difícil assistir à luta de seus filhos. Estou aprendendo a aceitar que Deus criou meus filhos à Sua imagem. Ele tem um plano e um propósito para cada um desses testes pelos quais passamos, até mesmo quando crianças. Aos poucos, aprendo a confiar que Ele vai usar essas situações para o bem."

Krissy está começando a superar isso mudando seu foco: "Uma coisa que aprendi é que muitas vezes nos debruçamos na dúvida de se vamos ou não ser aceitos por aqueles que nos rodeiam. Em vez disso, *deveríamos* focar no fato de que Deus nos aceita como somos, com todos os nossos caprichos e imperfeições. Ele nos valoriza tanto que tirou tempo para nos criar individualmente à Sua semelhança. Seu amor por nós é tanto que enviou Seu filho para morrer por nossos pecados a fim de que pudéssemos passar a eternidade com Ele.

Por isso, em vez de me preocupar sobre como meus filhos são vistos e aceitos no mundo, vou me concentrar na importância deles para o Senhor e ensiná-los a fazer o mesmo. Em vez de me preocupar que aprendam a lidar com a rejeição do mundo, vou orientar o coração e a mente deles em direção ao amor e à aceitação de seu Criador, que os considera incríveis exatamente do jeito que são."

NOSSA NECESSIDADE DE ACEITAÇÃO

Mãe, você se preocupa com a própria aceitação? Você tem problemas para fazer amigos? Você atribui uma importância doentia a amizades ou enfatiza demais a importância de ser uma pessoa querida? Às vezes, nossas crianças formam suas ideias e valores em relação a amizades, relacionamentos e casamento baseadas no que elas veem em nós.

Acho que, como humanos, é natural para nós lutar para sermos aceitos. Não importa nossa idade, estamos sempre clamando para sermos amados, aceitos, cuidados, e (mais especificamente as mulheres) tratados com carinho. Por isso acredito que, como mães, nós projetamos automaticamente essas preocupações em nossos filhos também. Serão eles queridos por outras crianças? Serão amados e aceitos por aquilo que realmente são? Será que alguém vai querer se casar com eles algum dia? E, quando acreditamos ou percebemos que eles estão se sentindo excluídos, levamos isso para o lado pessoal, sentindo-nos magoados.

Em vez de nos preocuparmos com a possibilidade de nossos filhos serem ou não aceitos pelos outros, podemos, como Krissy, mostrar-lhes o quanto são aceitos por nós e por Deus. Fazendo isso, nós os ajudamos a não se tornarem pessoas servis, na esperança de serem aceitos em todos os lugares a que forem. Em vez disso, nós os ajudaremos a se tornarem servos de Deus.

A VISÃO DE DEUS SOBRE NÓS

Na Palavra de Deus, somos informados de que, se estamos "em Cristo" – o que significa confiarmos apenas Nele para nossa salvação –, somos:

- filhos de Deus (Jo 1:12);
- amigos de Cristo (Jo 15:15);
- santos (Ef 1:1);
- comprados por alto preço e por isso pertencentes a Deus (1Co 6:19,20);
- adotados como filhos de Deus (Ef 1:5);

- redimidos e perdoados (Cl 1:14);
- completos em Cristo (Cl 2:10);
- feitos de modo especial e admirável (Sl 139:14);
- mais valiosos para Deus do que os pardais (Mt 10:31);
- inseparáveis do amor de Deus (Rm 8:38,39);
- "Obra-prima" de Deus (Ef 2:10);
- "Templos" de Deus (1Co 3:16);
- cooperadores de Deus (2Co 6:1);
- cidadãos do céu (Fp 3:20).

Agora, considere as descrições anteriores pensando em seus filhos.

Suas peculiaridades, quando mais jovens, e os distúrbios, quando mais velhos, não passam despercebidos por Deus, que conhece cada detalhe sobre eles.

UM AMIGO PARA SEMPRE

Lembro-me de meu primeiro dia no jardim de infância. Senti-me estranha por não conhecer ninguém de minha sala e temia não ter amigos. Orei a Jesus para ter um amigo especial – ou vários. Quando pequena, aprendi que Jesus está sempre presente e que posso chamá-Lo em oração.

Durante toda a educação infantil e o Ensino Fundamental, amigos eram extremamente importantes para mim. Talvez mais do que deveriam ser, uma vez que me lembro de ter feito vários "dramas de menina" e de ficar perturbada com o que os outros pensavam a meu respeito ou com a possibilidade de alguém não falar comigo e ser o melhor amigo de alguém, e não meu.

Quando entrei no Ensino Médio, eu era bastante sociável, mas ainda mais interessada em amigos do que em namorados. Então, na noite em que me formei, comecei um namoro que durou quatro anos – quatro anos pouco saudáveis e frequentemente muito solitários. Aqueles foram os anos em que meu relacionamento com Cristo se desenvolveu, porque eu sempre precisava de companheirismo e desejava me sentir aceita e amada pelo que era.

Durante meu terceiro ano de faculdade, durante um momento em que eu sentia o estresse de um namoro, escrevi um poema que descrevia os espaços vazios de meu coração, para onde aprendi a me voltar naqueles dias em que me sentia sozinha. No meio de um pensamento de que possivelmente eu jamais seria querida ou amada por um homem, escrevi isto:

> Senhor, quando eu estiver só e quiser conversar, deixa-me levar meus pensamentos a Ti.
> Quando eu estiver desanimada porque não há ninguém por perto, lembra-me de que Tu sempre estás presente.
> Quando eu procurar incentivo em alguém, lembra-me de que Tu és minha fonte de força.
> Quando eu quiser estar com alguém que se importa, lembra-me de que Tu és meu melhor amigo.
> Quando eu esperar que os outros atendam às minhas necessidades, lembra-me de que somente Tu podes me satisfazer.
> Quando eu sentir que preciso de conforto e amor, lembra-me de meu Pai no alto.

Olhando para o tempo em que esse poema foi escrito, percebo como o desejo de meu coração era ter alguém que me conhecesse. E Deus me assegurou que eu era conhecida por meio de Sua Palavra. Eu queria ter alguém para me amar. E, por meio de Sua Palavra, Ele graciosamente me fez saber que era amada. Eu queria ser completa, e Ele me assegurou que é o Único que pode me satisfazer.[28] Saber que Jesus é meu amigo para sempre me ajudou a não me preocupar com a possibilidade ou não de minha filha fazer amigos. É minha oração que Ele a conforte com Sua presença durante momentos em que ela também estiver se sentindo sozinha.

QUANDO DEUS ABRANDA OS CORAÇÕES

Pode haver momentos em que seu filho chegará da escola e lhe contará algo sobre alguém que está tornando a vida dele miserável. Como mãe, sei que sua vontade é arrancar os olhos dessa pessoa. No entanto, deixe-me contar a história de como minha mãe reagiu a uma situação como essa e como isso me ajudou a aprender algo em que me apoio até hoje.

Quando eu estava no sexto ano, uma garota do sétimo, que fazia parte do grupo dos populares, repetidamente me provocava com comentários maldosos. Ela me olhava e dizia coisas como: “Odeio você” e “Você é feia”. Aquela menina não era alguém de quem eu queria ser amiga. Na verdade, ela era apenas uma garota mais velha pegando no meu pé, mas aquilo me fazia sentir péssima. Lembro-me de ter falado a respeito dessa garota e como ela me

28 Treze anos depois, escrevi um livro baseado nesse poema e princípio, *Letting God Meet Your Emotional Needs*. Eugene, OR: Harvest House, 2000. (*Deixando Deus satisfazer suas necessidades emocionais*, tradução livre, ainda sem edição brasileira).

fazia sentir para minha mãe, que disse: "Basta você sorrir docemente para ela, e logo essa menina não será capaz de pensar em razão alguma para ser malvada com você".

Eu não queria sorrir docemente para ela. Não queria ter qualquer tipo de contato com ela. Só queria que aquela garota se mudasse da cidade para eu nunca mais ter que estar perto dela novamente.

Um dia, quando imaginava como poderia convencer meus pais a me deixarem ir para outra escola de modo que eu evitaria a tal menina, minha mãe foi até meu quarto e orou comigo para que Deus "abrandasse o coração" da pessoa que estava sendo odiosa comigo.

Na manhã seguinte, repeti a oração em meu caminho para a escola. "Deus, por favor, abrande o coração dela para que não seja tão má".

Antes de a aula começar, a garota caminhou na minha direção e não disse uma palavra. Ou ela não tinha me visto, ou não tivera tempo de ser maldosa. Foi um alívio. No entanto, no dia seguinte, a mesma coisa aconteceu. Ela me ignorou. *Sim! Talvez o assédio finalmente tivesse chegado ao fim.* No dia que se seguiu, uma amiga dela me provocou dizendo que minhas calças estavam curtas demais, mas a garota que normalmente era tão odiosa disse à amiga: "Deixe-a em paz. Não é culpa dela". Então, olhou para mim como se estivesse dizendo: "Sinto muito".

Será que a Senhorita Odiosa havia passado de me odiar a me *defender*?

Não me lembro de ela ter sido maldosa comigo outra vez depois daquilo. Com isso, aprendi que Deus pode não apenas me ajudar a me tornar mais segura diante de algumas situações que temo, como pode também mudar corações. E Ele é capaz de mudar os corações de crianças que fazem *bullying* com seus filhos, de garotas adolescentes de quem sua filha está tentando se tornar amiga, de jogadores do time que não querem nada com seu filho, ou das pessoas que parecem querer distância dele.

Se minha mãe tivesse escolhido conversar com o diretor da escola sobre uma aluna que me provocava, provavelmente minha situação com a garota piorasse. E se ela tivesse apenas cruzado os braços e me falado o quanto se preocupava comigo, poderia ter me causado uma úlcera! No entanto, ao me ensinar a orar por um coração abrandado, eu aprendi algumas lições valiosas para a vida, além de um segredo que me ajuda a não me preocupar quando o assunto é como as outras pessoas tratam a mim ou minha criança:

- em vez de se preocupar, entregue sua situação a Deus;
- ore para que Deus abrande corações, e sua perspectiva (aversão) daquela pessoa irá mudar;
- Deus se preocupa com as mesmas coisas que você, mas Ele pode realmente fazer algo a respeito delas;
- Deus se apresenta para aqueles que se apoiam Nele a fim de atender a suas necessidades.

Desde então, tenho orado com muita frequência para Deus abrandar o coração de alguém que esteja me causando dor – um amigo ou namorado que não está falando comigo, um membro da família, um professor da faculdade, meus chefes em meus primeiros empregos, colegas quando estava trabalhando para um jornal, mulheres com as quais trabalhei (e das quais discordei) no ministério. E, todas as vezes que pedi a Deus que abrandasse o coração de alguém em relação a mim, Ele o fez.

Acredito que você saiba aonde quero chegar. Quando mães correm para resgatar – ou quando optam por se preocupar –, estão ensinando seus filhos a confiar nelas ou neles mesmos, não em Deus e em Sua capacidade de mudar a situação abrandando um coração.

Nas Escrituras, há exemplos de Deus modificando o coração de pessoas, especialmente as endurecidas, teimosas e que não querem mudanças.[29] E Deus pode mudar corações até hoje – do professor de seu filho, de outras crianças que não gostam dele, de jovens que não deviam estar namorando seu filho, de pais que não compreenderam certas situações, dos chefes de seus filhos no trabalho, e assim por diante.

Você consegue encontrar oportunidades para orar com seu filho a fim de que Deus abrande ou mude o coração de alguém que está causando sofrimento a sua vida? Se não, vá em frente e comece a orar para o abrandamento. Acredito que Deus irá ouvir e agir.

INTERCESSÃO OU INTERFERÊNCIA?

Brenda Jean, mãe de uma moça de 21 anos de idade, revelou-me que seu coração estava sofrendo com o fato de sua filha ter ficado noiva de um rapaz que ambas não acreditavam ser o melhor de Deus para ela.

"Deus deixou claro para ela [antes do noivado] que esse rapaz não era a pessoa certa, mas ela havia 'investido' muito no relacionamento", disse Brenda. "Somando-se a esse cenário estão várias outras confirmações do Espírito

29 O apóstolo Paulo é quem vem à mente. Sua história de ser um assassino dos seguidores de Cristo até tornar-se um de Seus grandes seguidores pode ser encontrada em Atos 9:1-31.

Santo ao longo do último ano e meio sobre quem seria seu futuro esposo (alguns detalhes bem específicos que revelavam não se tratar daquele jovem). Além disso, ela compartilha comigo a cada dois meses que ainda pensa frequentemente sobre essas promessas e fala sobre sua incerteza em relação ao futuro de seu relacionamento."

Brenda acredita que a filha sabe que Deus está pedindo a ela que termine esse relacionamento, mas a vergonha e o constrangimento a impedem de fazê-lo. "O temor dela está envolto pela ideia de que ninguém vai amá-la, e ele me revela que ela se esqueceu seu 'Primeiro Amor' [Cristo]."

Como qualquer outra mãe, Brenda quer ajudar a filha a se livrar desse relacionamento que a jovem não se sente forte o bastante para romper. No entanto, recentemente Deus deixou claro para Brenda que ela deve permitir que *Ele* o faça.

"Durante esse tempo, uma das coisas que Deus tem me pressionando a fazer é confiar Nele, acreditar na Sua palavra quando Ele diz algo, e esperar que Seu trabalho seja concluído (sem a minha ajuda!). Frequentemente, eu me pego querendo saber como Deus está atuando, pedindo a Ele que me inclua em Seus planos para ela, ou que me dê um sinal visível. Bem, isso não é realmente confiar, não é?"

Brenda afirma que, em vez de tomar a situação nas mãos e tentar resolvê-la por si mesma, dedicar um momento de silêncio com Deus pela manhã a ajudou a confiar Nele e na maneira como Ele quer fazer tudo.

"Também tenho sido constante nas orações por minha filha, além de ter compartilhado a situação com outras irmãs que me responsabilizaram e começaram a orar, não só por ela, mas por mim também. Essas orações e prestação de contas realmente têm me sustentado pelos momentos mais difíceis."

Entretanto, Brenda conta que recentemente Deus deixou bem claro para ela que suas tentativas de interceder pela filha eram, na verdade, interferências.

"Durante uma oração pessoal um pouco mais de três semanas atrás, Deus me disse claramente que eu deveria parar de alimentar minha filha com estímulos diários das Escrituras, bem como de 'conduzir' conversas para encorajá-la e se lembrar de Suas promessas", disse ela. "Ele me mostrou que isso a mantinha em sua vida compromissada, e que a impedia de ficar faminta o bastante por Ele para procurá-Lo por si mesma. Em essência, eu estava interferindo em Seu trabalho. Para mim, era difícil entender como interferência o fato de deixar bilhetes com partes retiradas das Escrituras, orações sobre sua cômoda, ou enviar a ela textos de estímulo, mas caminhei tempo o bastante com o Senhor a fim de saber que, quando Ele ordena algo, é melhor que eu obedeça! Então, eu o fiz..."

Segundo Brenda, uma vez que ela recuou, Deus realmente pôde trabalhar.

"A mudança em minha filha foi quase imediata – eu diria que ocorreu no período de uma semana. Foi quando ela teve a própria revelação sobre quão comprometida sua caminhada se tornara. Sinto-me honrada e absolutamente maravilhada com a rapidez com que Deus operou quando eu saí do caminho. É como se assumisse no momento em que dei um passo para trás! Desde então, a hostilidade de minha filha em relação a mim desapareceu, ela voltou a ser a pessoa doce, compassiva e generosa que era antes desses últimos anos."

Há pouco tempo, Brenda me disse que a filha finalmente rompeu o noivado, mas continua a ver o jovem de vez em quando, pois ainda tem dificuldade em deixar que o relacionamento acabe. No entanto, em vez de se preocupar, a mãe mantém os olhos em Deus e em Suas promessas.

"Minha filha está aprendendo a confiar no tempo de Deus, a pedir Sua orientação e a ficar perto Dele. E eu aprendo (embora não perfeitamente ainda!) a permanecer em silêncio, a menos que ela peça conselhos. Passamos vários meses mal nos falando, enquanto ela se afastava cada vez mais de mim. Se não fosse por amigos fiéis, guerreiros da oração e pela Palavra de Deus, eu não teria conseguido ser bem-sucedida nessa situação de jeito nenhum."

Brenda e eu não estamos sugerindo que "recuar" seja uma regra para toda mãe. Os bilhetes, as palavras de estímulo e as orações intercessoras por seu filho podem ser exatamente o que Deus espera de você. No caso dessa mãe, entretanto, ela acreditava firmemente que Deus estava dizendo: "Afaste-se e Me deixe trabalhar". Algo difícil de fazer. No entanto, quando percebemos que Deus pode ser um Pai melhor para nossos filhos do que nós mesmos, uma paz incrível toma conta de nós. E, no caso dessa mãe, Deus atuou quando ela recuou.

MOSTRANDO A ELES O AMOR DE DEUS

O que você e eu podemos aprender com relacionamentos amorosos pouco saudáveis ou espiritualmente incompatíveis? Como você e eu podemos crescer por meio de uma situação em que nosso filho opta pela companhia de alguém que pessoalmente não aprovamos? É muito provável que aquele(a) que seu filho escolheu como amigo(a) (e quem você não aprova) tenha a própria bagagem de feridas que o(a) tornam o tipo de pessoa que você não quer perto dele.

Em algum momento, você deve ter pensado: *como a pessoa foi criada?* Bem, essa é uma boa pergunta, pois existe a possibilidade de que ele não tenha sido criado por um pai que lhe mostrou como tratar uma jovem mulher. É possível que aquela garota não tenha sido criada por pais que lhe mostraram que ela é importante e que não precisa se vestir para chamar atenção. É possível que sua turbulência ou rebeldia resultem de uma dor da qual você não sabe nada.

AS INFLUÊNCIAS NÃO SAUDÁVEIS

Nós podemos orar para que nossos filhos sejam líderes e influenciem positivamente todos que se aproximarem deles. Na realidade, porém, haverá momentos em que seu filho *será* influenciado negativamente por alguém. No entanto, seja um relacionamento amoroso que a tem preocupado ou um grupo de amigos da pesada com quem seu filho está andando, Deus pode lidar com essa situação também. E Ele pode nos ensinar muito sobre nós mesmos – e Seu amor pelos outros – no processo.

Você pode experimentar paz se seu filho é amigo, namora, faz negócios ou planeja se casar com alguém que você não aprova se tomar como modelo os passos a seguir.

ORE PARA AQUELA PESSOA QUE VOCÊ NÃO APROVA

Nosso primeiro instinto é orar pela proteção de nosso filho, mas você já pensou que é muito provável que ninguém esteja orando pela criança ou jovem de quem você quer protegê-lo? Deus pode muito bem os ter unido porque alguém em sua casa começaria a orar por ele ou ela. Ao começar a orar por aquela pessoa, Deus mudará o seu coração em relação a ela. Eu lhe garanto. Esse é sempre meu primeiro conselho quando as mães me procuram, em pânico, porque as filhas ou filhos estão começando a namorar não crentes. Você pode lutar contra isso, e muito possivelmente danificar o relacionamento com seu filho, ou pode combater essa situação no reino celestial por meio da oração, tornando-se disponível para Deus independentemente da forma por meio da qual Ele queira trabalhar nisso.

IMAGINE SUAS MÁGOAS

Comportamento inadequado por parte de outras crianças – jovens ou mais velhas – muitas vezes é resultado de feridas, educação inapropriada recebida dos pais ou negligência. Considere que essa pessoa, a qual você julga uma influência negativa ou pouco saudável para seu filho, também tenha sido exposta a algo negativo ou pouco saudável. Quando você começa a examinar o coração dela e imagina suas mágoas, Deus lhe confere compaixão e possivelmente lhe mostra como orar ainda mais por ela.

ORE AS ESCRITURAS PARA SEU FILHO

Ao orar versículos das Escrituras para seu filho, você não está orando de acordo com a própria sabedoria ou desejos, mas de acordo com os de Deus. Se você for como eu, às vezes pode escorregar na armadilha de tentar ensiná-Lo como melhor conduzir a situação, mas Ele não precisa de nossas sugestões. Na verdade, nossas míseras sugestões para Deus, onisciente e todo-poderoso, são um insulto a Ele, pois o Pai sabe muito melhor do que nós como fazer todas as coisas para o bem na vida de nossas crianças. Ao orarmos as Palavras de Deus sobre nossos filhos, estamos orando a Sua vontade e sabedoria sobre eles.

Minha amiga Judy aprendeu isso enquanto seu filho estava crescendo e experimentou muita paz ao fazê-lo.

"Recentemente, comecei a orar as Escrituras sobre minhas crianças, colocando o nome delas nos versículos para tornar meus pedidos mais específicos", disse Judy. Algumas de minhas orações favoritas são...

- "Cria em [Jason] um coração puro, oh, Deus, e renova dentro [dele] um espírito estável" (Sl 51:10);
- "Que [Steve] siga o caminho da sabedoria e seja encaminhado por veredas retas" (Pv 4:11);
- "Dê a [Sherry] um grande desejo de aceitar Suas Palavras, Deus, e de guardar no coração os Seus mandamentos para que os ouvidos dela se voltem para Sua sabedoria" (Pv 2:1,2).

Judy disse: "Apenas falar o nome das pessoas nos versículos torna os pedidos das orações mais reais e significativos para mim".

No final deste capítulo, você terá a oportunidade de orar as Escrituras para seu filho a fim de que também experimente a paz.

O TRABALHO DE DEUS EM VOCÊ

Ao orar para aqueles que estão próximos a seus filhos, examine o coração deles e persevere no amor de Deus, pois Ele pode transformá-la de uma mãe que se preocupa com influências negativas sobre suas crianças para uma mãe que ora para aqueles que estão próximos delas. Eu sei que seria mais fácil se Deus apenas arrancasse certos indivíduos do raio de influência sobre seus filhos, de modo que você pudesse orar para as pessoas que *desejasse*. No entanto, muitas vezes, Ele não trabalha dessa maneira. Deus trabalha em nós, refinando e suavizando aqueles cantos ásperos de nossos corações, para que saibamos verdadeiramente como é o Calvário do amor. Enquanto estava na cruz, Jesus orou para aqueles que zombavam dele, cuspiam nele e amaldiçoavam Seu nome. Com isso em mente, o mínimo que podemos fazer por Aquele que morreu por nós é orar por aqueles cujo coração Ele ainda quer tocar.

Ao orar para que Deus abrande o coração dos que estão próximos a suas crianças, você pode descobrir que o coração que Ele mais abranda é o *seu*.

COLOCANDO EM PRÁTICA: ORANDO PARA OS RELACIONAMENTOS DE SEU FILHO

Vamos orar as Escrituras sobre seu filho e seus relacionamentos inserindo o nome dele nos espaços em branco:

> Senhor Deus, obrigada por teres sondado __________________ e conhecido _______________. Tu discernes a caminhada de __________ e a pousada de __________; estás a par de todos os intentos de __________ (Sl 139:1,3). Ajuda ______________ a ser cauteloso em suas amizades (Pv 12:26). Se homens (ou mulheres) pecadoras seduzirem ___________, ajuda-o(a) a não ceder (Pv 1:10). Que os perversos de coração fiquem longe de ____________; que (ele/ela) não se envolva com o mal (Sl 101:4). Finalmente, ajuda ________________ e que, como Jesus, (ele/ela) se desenvolva em sabedoria, estatura e graça na presença de Deus e de todas as pessoas (Lc 2:52).

TORNANDO-SE UMA MÃE SEM ESTRESSE – NA COMUNIDADE

Para análise ou discussão: quando criança, o que você aprendeu, e que pode passar para seu filho, sobre amizades saudáveis ou prejudicais?

1. Há alguém próximo a seu filho que você não aprova? Talvez você esteja esperando que ele encontre um amigo/namorado/namorada nesse momento. Escreva sua preocupação aqui, como uma prece a Deus, notando que Ele já tem tudo sob controle. (Às vezes, escrever uma preocupação é uma maneira de percebê-la e finalmente se libertar dela.)

____

____

____

____

2. Procure os versículos seguintes e anote o que cada um tem a dizer sobre amizades ou ligações próximas.

SALMOS 1:1

____

____

____

PROVÉRBIOS 1:10

PROVÉRBIOS 12:26

PROVÉRBIOS 16:28

PROVÉRBIOS 17:9

PROVÉRBIOS 17:17

PROVÉRBIOS 18:24

PROVÉRBIOS 22:11

PROVÉRBIOS 22:24

PROVÉRBIOS 27:6

PROVÉRBIOS 27:9,10

3. Dos versículos anteriores, circule ou realce aquele que seria útil para compartilhar com seu filho.

4. Escreva um ou dois dos versículos da atividade 2 no espaço a seguir, inserindo o nome de seu filho, e use-o como guia para orar pela vida social dele.

6º SEGREDO

Confiar no filtro infalível de Deus

CAPÍTULO 6

GOSTARIA QUE ISSO NUNCA TIVESSE ACONTECIDO

Como isso vai afetar meus filhos?

Sei que você já fez essa pergunta quando algo inesperado aconteceu.

Kathleen também fez essa pergunta quando soube que ela e seus quatro filhos, com idades variando de 13 a 22 anos, estavam sendo deixados por seu marido.

"Meu marido, que era um ótimo pai para nossos quatro filhos, nos deixou, pediu o divórcio, e agora está encurralado nos pecados do divórcio, do adultério e do alcoolismo, exatamente como o próprio pai. Como eu havia sido dona de casa por todos esses anos, precisei trabalhar em tempo integral. Sei que nada disso pegou Deus desprevenido, mas certamente afetou a mim e as crianças."

As preocupações de Connie versavam sobre como seus filhos seriam afetados não pelo divórcio, mas por membros da família que não compartilham sua visão de mundo e a de seu marido.

"Me preocupo com a proteção de meus filhos", disse Connie. "Muitos membros de minha família são não crentes e não compartilham as mesmas crenças e valores que eu e meu marido... Por isso não nos sentimos confortáveis com nossas crianças próximas a eles por um longo período de tempo, talvez tempo nenhum. Queremos protegê-las do que não é apropriado para a idade delas, incluindo certos tipos de linguagem e conversas, além de ambientes não saudáveis. Queremos incutir-lhes princípios bíblicos, o que se torna um desafio quando eles estão em ambientes opostos ao que encontram em casa."

Angela contou: "Quando minha filha estava com cinco anos de idade, passou a noite na casa de uma amiga e elas assistiram ao filme *Titanic*. Eu *nunca* teria deixado que ela assistisse a esse filme com aquela idade. Percebi, então, que minha visão do que eu julgava apropriado para minha filha naquele momento não era necessariamente a mesma de todas as outras pessoas. Em retrospectiva, embora eu pensasse que conhecia aquela família, isso não era real. Foi uma experiência de aprendizagem como mãe, assim como para minha filha".

Tenho certeza de que a essa altura você já sabe que não há ambiente perfeito para se criar uma criança. Nós vivemos em um mundo repleto de mortes, drogas, divórcio, violência em videogames e nas ruas, cenas e linguagem inapropriadas na televisão, imoralidade na vizinhança, pornografia na internet, além de letras explícitas ecoando de aparelhos de som em carros parados ao lado dos nossos. É *impossível* proteger nossos filhos de toda influência negativa que existe no mundo. Tudo que podemos esperar é criá-los de acordo com os princípios da Palavra de Deus para que, quando depararem com situações comprometedoras, eles tenham o discernimento (e a voz clara do Espírito Santo) para distinguir o certo do errado.

No entanto, quando você está fazendo tudo o que pode e, ainda assim, seu filho passa por experiências que você lamenta, lembre-se do seguinte: *Deus pode filtrar o lixo* e *preencher os vazios* quando se trata das situações ruins ou perdidas dele.

A BAGAGEM DE NOSSA INFÂNCIA

No capítulo 2, abordei nosso medo do desconhecido – os "e se" que nos afligem quase diariamente – quando se trata de nossas crianças. Acrescente a isso nossa própria bagagem; acredito que toda mãe consegue se lembrar de uma situação em seu passado, a qual não deseja que se repita com seu filho.

Voltando a Connie, que expressou sua preocupação sobre a proximidade com os parentes não ser um ambiente saudável para seus filhos, seu maior medo é que as duas filhas pequenas, de dois e quatro anos, não estejam a salvo dos predadores neste mundo.

"Um dos meus maiores medos, quando Emma nasceu, era a possibilidade de ela ser tocada de forma inapropriada ou molestada por um homem 'confiável' da família. Uma das principais razões para esse temor originava-se no que aconteceu comigo na época do Ensino Fundamental. Foi na casa de minha tia, com um primo. Eu passava muito tempo naquela casa e, várias vezes, ficava para dormir, porque era filha única e tinha cinco primos, que tornavam muito mais divertido ficar na casa onde todas as outras crianças estavam."

Connie encontrava-se no que ela (e sua família) acreditava ser um ambiente seguro quando enfrentou aquela situação prejudicial e ameaçadora. Além disso, havia também o temor de não ser capaz de determinar o que é completamente seguro para suas filhas.

Você e eu podemos (1) nos preocupar e possivelmente repetir o ciclo de nossa dor e transtorno com nossos próprios filhos ou (2) optar por agir de modo diferente e interromper o ciclo de comportamento doentio. Quero ser uma mãe que para – em vez de repetir – o ciclo de transtorno com o qual lidei durante meu crescimento. Assim como Connie. E também falei com muitas outras mães que estão decididas a fazer o mesmo.

Marilyn, uma sobrevivente de abuso infantil, está determinada a fazer tudo o que puder a fim de criar um ambiente seguro para as filhas, que têm nove e onze anos. Embora seja difícil para ela entender o porquê por trás dos crimes contra crianças, Marilyn sabe que, ao colocar as próprias filhas nas amorosas mãos de Deus, Ele está fazendo com que sua confiança Nele cresça.

"Eu costumava me preocupar com a possibilidade de meus transtornos influenciarem minhas filhas, mas aceitei que todos estamos sob a graça de Deus e temos as próprias questões dolorosas e pecados com os quais lidar. Às vezes, sem querer, passamos para nossas crianças aquilo que aprendemos com nossos pais, como raiva, impaciência e medo, mas Deus é maior.

Eu luto contra o medo. Um grande momento para mim ocorreu durante uma sessão de aconselhamento quando percebi que coisas ruins poderiam e podem acontecer com meus filhos, mas eles sobreviveriam. Sou uma sobrevivente de abuso infantil causado pelas mãos de meus familiares e de outras pessoas, e isso me tornou o que sou. Meus filhos veem eu me agarrar continuamente a Jesus e tentar superar o que o abuso me causou, e isso é bom.

Luto muito contra o medo porque tudo aquilo aconteceu comigo quando não havia ninguém para me resgatar. Lembro a mim mesma de que o medo é uma característica do inimigo, e me encaminho para as Escrituras. Além disso, estabeleço limites – como não permitir que durmam fora. Livros e artigos que li incentivam isso. Assim, minha consciência fica tranquila e as crianças não sentem que há exceções.

Pergunto-me se alguma vez eu as coloquei em uma posição prejudicial, e talvez eu o tenha feito, sem saber. No entanto, Deus é grande o bastante e eu as entrego a Ele. Isso não é o que se pode chamar de céu. Há muito pecado neste mundo e, estatisticamente falando, é possível que certas coisas aconteçam. Foi difícil para mim aceitar isso, mas estou pronta e farei minha parte para protegê-las."

Conforme afirmou Marilyn, a maneira como lidamos com as próprias feridas do passado pode ajudar nossos filhos a aprender como lidar com elas também. Os filhos de Marilyn a veem se agarrar a Jesus. O que suas crianças estão vendo?

A BAGAGEM DE NOSSAS CRIANÇAS

Em alguns casos, nossa bagagem não é o único fator que afeta nossas crianças, pois algumas delas já vêm com a própria bagagem.

Há alguns anos, Dawn G. e seu marido adotaram uma garota de sete anos. A menina vivenciara uma experiência passada que Dawn desejava que nunca tivesse acontecido. No entanto, ela se apoia diariamente em Deus para ajudá-la, e a seu marido, a desfazer os danos e proporcionar a essa criança um novo futuro e esperança.

"Nossas principais preocupações naquele momento da vida dela centravam-se em ajudá-la a passar pelo tempo de luto, assim como a lidar com as questões que ela enfrentava dos traumas e negligência do passado. Trabalhamos com seu terapeuta e na escola para auxiliar com os desafios comportamentais."

Dawn ressaltou que não foi fácil. Há dias em que se pergunta se não é mais do que consegue lidar.

"Tenho a tendência de ficar presa ao estresse do momento, especialmente quando nossa filha está em um dia difícil. Preocupações, estresses e medo surgem com muita facilidade. É por isso que sempre preciso me lembrar de que Deus está no controle e que Ele liga nossas vidas à de nossa linda criança. Quando desafios ameaçadores pesam sobre nós, nos dirigimos a Deus em oração e imploramos Sua paz, misericórdia e uma boa dose de paciência!

Crianças adotadas mais velhas entram em suas novas famílias com personalidades e memórias já estabelecidas, além de dores incríveis. Parte dessa dor é muitas vezes liberada por meio de comportamentos extremos e teste de limites. Elas querem saber se seus novos pais são constantes e verificar se estão realmente em um lugar seguro. Ser pais de crianças feridas requer resistência, determinação, paciência e, acima de tudo, amor. Acho difícil me desligar e confiar em Deus quando estamos no meio de um dia particularmente complicado. Por isso, meu objetivo e minha oração são para que eu seja capaz de ouvir a voz mansa Dele, mesmo em minha provação mais árdua."

Se nossa responsabilidade como mães, madrastas ou mães adotivas fosse corrigir todos os erros que aconteceram ou continuam a acontecer na vida de nossas crianças, seria uma tarefa extremamente difícil – senão impossível. Todas iríamos falhar miseravelmente. No entanto, aqui está um segredo: Deus não espera que sejamos como filtros das experiências ruins de nossos filhos ou que supramos as necessidades deles com aquilo de que mais precisam. Esse trabalho é *Dele*. Ele só nos pede que confiemos em Sua trajetória.

A TRAJETÓRIA DE DEUS

Na Bíblia, lemos relatos da impressionante trajetória de Deus de selecionar (ou preencher lacunas) algumas crianças hebreias desafortunadas que viveram há milhares de anos – crianças que cresceram para serem grandes líderes e heróis da Bíblia.

MOLDADO PELA DOR

Na Bíblia, há uma história incrível sobre um homem que deveria ter ficado marcado por toda a vida depois do que viveu na adolescência e juventude. No entanto, a história dele é uma das mais inspiradoras da Bíblia – uma que afirma a soberania de Deus e Sua capacidade de transformar em bem o que o mundo cria para o mal.

José era o filho favorito de Jacó, e seus dez irmãos mais velhos sabiam disso e o odiavam. O jovem já havia perdido a mãe, que morrera ao dar à luz seu irmão mais novo. Quando ele contou a seus irmãos mais velhos que havia sonhado com Deus tornando-o o líder de toda a família, bem como o administrador das terras, eles criaram um plano para matá-lo. Depois de atirá-lo em um poço escuro onde ele ficou sozinho e indefeso, os irmãos resolveram vendê-lo como escravo para alguns viajantes midianitas. Quando voltaram para casa, disseram ao pai que José havia sido morto por um animal selvagem.

Então, com apenas dezessete anos, José foi abandonado por seus irmãos, dado como morto por seu pai, e vendido para mercadores midianitas que o levaram para o Egito e o venderam para um dos funcionários do faraó.

José, que poderia ter se tornado, compreensivelmente, amargo e deprimido devido às circunstâncias, tirou o melhor delas. Ele se dedicou a ser o melhor servo da casa, e logo foi promovido, tornando-se responsável por toda a casa do oficial. No entanto, quando a mulher de seu senhor tentou seduzi-lo, José fugiu (bom para ele!). Então, ela falsamente o acusou de tentativa de estupro.

José, apesar de ter tomado a decisão certa e evitado os avanços daquela mulher, foi preso e jogado na prisão. Novamente, ele se recusou a deixar que a situação o abatesse. Então, fez o seu melhor na prisão, e logo foi promovido pelo diretor, recebendo a incumbência de administrar os outros presos. E, apesar da promessa de que ele seria lembrado – e possivelmente libertado – por interpretar corretamente o sonho de um dos prisioneiros, que voltara a trabalhar com o faraó, José permaneceu na prisão por *mais dois anos*, sendo esquecido.

No entanto, Deus não se esqueceu dele. Mais tarde, José recebeu a oportunidade de ajudar a interpretar os sonhos do faraó (com a ajuda de Deus, é claro). Como resultado, foi promovido a braço direito do faraó, tornando-se o segundo no comando de todo o Egito! Esse homem, José, que deveria ter bagagem e amargura diferentes de tudo o que já vimos, continuava humilde, misericordioso e temente a Deus, que permaneceu abençoando-o.

Qualquer mãe ficaria horrorizada pelo que José passou desde a adolescência. No entanto, Deus filtrou tudo o que ele suportou para formar seu caráter e moldá-lo um homem que poderia governar uma nação. Será que você, como mãe, teria sido capaz de pressupor que *uma sequência de acontecimentos ruins* estaria na verdade preparando seu filho para a maior bênção que ele e sua família jamais presenciaram? Foi exatamente isso o que aconteceu, pois José acabou salvando seus irmãos invejosos que se arrependeram e seu amoroso pai, anos mais tarde, durante uma grande fome que assolou o Egito e os países vizinhos. Por causa de sua posição no Egito, as doze tribos de Israel foram poupadas durante a grande fome.[30]

INTOCADO PELA ESCURIDÃO

No capítulo 1, falei um pouco sobre Moisés – suas inseguranças e fraquezas e como Deus o escolheu apesar de tudo, por ser um homem que dependia Dele. Vamos reservar um momento agora para avaliar sua educação, pois ele também deveria ter ficado marcado para toda a vida.

Moisés tinha três meses de idade quando foi colocado no Rio Nilo, em um cestinho flutuante feito de papiro e piche, a fim de não ser encontrado em sua casa e sacrificado, como era o destino de qualquer bebê hebreu do sexo masculino no Egito. No entanto, quando a filha do faraó, ao se banhar no rio, encontrou-o, ela se compadeceu dele. A irmã de Moisés estava próxima e sugeriu uma ama hebreia para o bebê, que, pela providência divina, acabou sendo a própria mãe do menino, a quem a filha do faraó inclusive pagou para que o amamentasse até ser desmamado. As Escrituras dizem: "Quando a criança ficou mais velha, [a mãe de Moisés] o levou para a filha do faraó que o adotou [...]" (Êx 2:10).

Você consegue imaginar isso? Aos três ou quatro anos de idade, essa criança começou a viver com a realeza egípcia, sendo exposta à feitiçaria, ao ateísmo, às práticas opressoras dos egípcios. Não haveria mais instrução divina alguma para Moisés, uma vez que foi viver no

30 Essa história pode ser encontrada no Gênesis 37 e 39-50.

palácio. Poderíamos pensar que ele se tornaria irreparavelmente corrompido. Ou que pelo menos se esqueceria de onde viera e para quem devia ser leal.

No entanto, ainda assim a mão protetora de Deus e Seu filtro infalível estavam na vida de Moisés.

As Escrituras nos dizem que: "certo dia, sendo Moisés já adulto, foi ao lugar onde estava seu próprio povo e descobriu como era pesado o trabalho que realizavam. Viu também um egípcio espancar um de seu próprio povo. Correu o olhar por todos os lados e, não vendo ninguém, matou o egípcio e o escondeu na areia" (Êx 2:11,12).

Você poderia pensar que Moisés se identificara com os egípcios até então, e não com os hebreus. No entanto, ele assassinou um egípcio em virtude da maneira por meio da qual o homem tratava "seu próprio povo". Talvez matar de forma rápida e eficiente tenha sido um de seus aprendizados enquanto crescia como egípcio. Moisés, porém, não foi muito agradecido por seu ato de misericórdia pelo próprio povo. As Escrituras nos dizem:

> No dia seguinte [Moisés] saiu e viu dois hebreus brigando. Então perguntou ao agressor: "Por que você está espancando o seu companheiro?". O homem respondeu: "Quem o nomeou líder e juiz sobre nós? Quer matar-me como matou o egípcio?". Moisés teve medo e pensou: "Com certeza tudo já foi descoberto!". Quando o faraó soube disso, procurou matar Moisés, mas este fugiu e foi morar na terra de Midiã [...]. (Êx 2:13-15).

Isso é que são dias difíceis! Depois de defender alguém do próprio povo, Moisés foi excluído tanto pelos hebreus como pelos egípcios. Sem ninguém a quem recorrer, fugiu para Midiã (lembra-se dos homens que compraram o jovem José e venderam-no para os egípcios?). Enquanto vivia entre eles, Moisés por fim encontrou uma esposa, formou uma família e permaneceu distante de todos os outros por quarenta anos.

No momento em que ele com certeza já esquecera tudo sobre sua vida no Egito, Deus o mandou de volta para o faraó a fim de pedir que ele libertasse os escravos hebreus. Isso é ter de enfrentar as velhas feridas! Deus usou esse homem, Moisés, que deveria ter uma grave bagagem contra ambos, egípcios e hebreus, para ser o libertador de seu povo.

O Senhor obviamente tinha um filtro na vida de Moisés também. Livrou-o do que precisava (as memórias de que era hebreu) e o manteve longe do que não queria que o estragasse (as influências negativas dos deuses dos egípcios).

Se pudesse fazê-lo, você teria tentado interromper as influências negativas a que Moisés estava exposto durante seus anos de crescimento? Qualquer mãe teria! No entanto, quem adivinharia que Deus usaria essas mesmas circunstâncias para construir o caráter de um homem que se tornou um dos maiores heróis da Bíblia?

A FIDELIDADE DE DEUS

Tanto na vida de José como na de Moisés, Deus filtrou o que poderia prejudicá-los e promoveu resultados que surtiram efeito positivo na vida de muitos outros. E eu acredito que Deus é fiel ao filtrar a vida de nossas crianças também. Ele sabe muito melhor do que nós o que precisa ser purificado para não afetar nossos filhos. E é capaz de determinar com o que eles podem lidar, atuando, dessa forma, como um escudo.

Em Salmos 18:30, temos: "Este é o Deus cujo caminho é perfeito; a palavra do Senhor é comprovadamente genuína. Ele é um escudo para todos os que nele se refugiam".

Em Salmos 28:7, temos: "O Senhor é a minha força e o meu escudo; nele o meu coração confia, e dele recebo ajuda [...]".

Além disso, em Salmos 84:11, temos: "O Senhor Deus é sol e escudo; o Senhor concede favor e honra; não recusa nenhum bem aos que vivem com integridade".

Deus é tanto o *sol* como o *escudo* – não apenas iluminando nosso caminho, mas nos protegendo nele também. Ele possui muitas formas de nos proteger e mostrar-se fiel por meio de situações que gostaríamos que não tivessem acontecido.

Aqui estão algumas das maneiras que Deus usa para nos proteger, e a nossas crianças.

ELE NOS AJUDA A ADQUIRIR SABEDORIA DE NOSSAS EXPERIÊNCIAS

Angela, cuja filha assistiu ao filme *Titanic* quando ainda tinha apenas cinco anos, disse que aquela situação ensinou algo a ambas. "Tive que confiar em meu instinto em relação a minha filha, mesmo que a outra pessoa não tivesse as mesmas convicções sobre certas atividades ou filmes. Aquela situação abriu uma porta para que eu e minha filha tivéssemos boa conversa. Ela sabia, depois disso, que, se estivesse em dúvida sobre eu a deixar fazer algo, teria que dizer: 'Preciso perguntar para minha mãe'".

ELE NOS AJUDA A TRAZER LUZ ÀS COISAS

Uma vez que Connie começou a falar sobre como foi molestada quando criança, seus familiares perceberam quão facilmente algo como aquilo podia acontecer com os próprios filhos. Eles se juntaram a ela a fim de estabelecer limites e ser mais cautelosos.

Connie disse: "O que proporcionou paz para mim foi trazer à luz essa situação. Acredito que Satanás usava isso para provocar desarmonia entre meu marido e eu, para me paralisar e dividir nossa família. Até agora, só havia falado a respeito daquilo com uma pessoa, há muitos anos. A maior mentira que alimentei diversas vezes em minha cabeça era o fato de que eu não poderia falar com meu marido a respeito do assunto.

Um dia, quando Emma tinha apenas alguns meses de vida, no momento em que eu e meu marido nos sentamos para comer, comecei a chorar e contei a ele o que havia acontecido. Aquela atitude trouxe alívio e uma enorme sensação de paz, e eu sabia que Deus estava lá conosco. Continuei a compartilhar essas coisas com minha mãe (uma vez que Emma passa bastante tempo com ela), minhas irmãs (que têm filhos da idade de Emma, e eles passam muito tempo juntos) e, mais recentemente, minha cunhada (que tem um filho da idade de Emma e que há pouco tempo foi pego jogando algo escondido). Trazer a situação à luz foi o meio que o Senhor encontrou para me curar. Agora, minha família vê a facilidade com que isso pode acontecer, entende e respeita nosso desejo de manter esses limites com as crianças quando elas passam tempo juntas."

Finalmente, Connie disse: "Louvo a Deus por não ter mais as preocupações às quais ainda estava presa. Oro por minhas crianças, oro para as pessoas com quem elas andam, e apenas confio no Senhor. Sei que, independentemente do que aconteça, não importa a quem, será usado para o bem de Deus. Meu marido luta contra isso, e acho que Deus me deu essa paz não apenas para que eu o ajude a ficar equilibrado, mas também para nos manter calmos e orar por eles".

ELE NOS ASSEGURA QUE NÃO ESTAMOS SOZINHOS

Muitas mães solteiras que conheço se preocupam em como suas crianças serão afetadas pela falta da presença regular de um pai em suas vidas. Esposas de militares se afligem com isso também, por causa dos longos períodos de ausência do marido. Deus, no entanto, não apenas *filtra* o que pode prejudicar nossos filhos, Ele também *preenche as lacunas* quando se trata de situações que gostaríamos que eles vivessem.

Kadee, esposa de um militar da qual falei nos capítulos anteriores, está criando três garotinhas em Okinawa, Japão, e seu marido frequentemente se ausenta por meses.

"Como mulher de militar, muitas vezes tenho que cumprir dois papéis, e, com isso, tenho preocupações e cuidados extras. Houve dias em que eu não me troquei ou saí de casa porque meu marido não estava e eu não queria ter que enfrentar o mundo sozinha com três crianças pequenas. Mas, apesar do que disse, tenho sido muito abençoada e cuidada por Deus. Ele está presente quando choro por estar farta das brigas de meus filhos, por eles não me ouvirem e por suas birras porque só querem o papai. Tenho que fazer um esforço diário para reconhecer que Deus cuida de mim e que está lá para tirar meu fardo. Isso não significa que é sempre fácil, nem bonito, mas no final eu tenho um Deus muito maior do que minhas preocupações, estresse e medos."

Minha amiga Dawn Marie Wilson viu a fidelidade de Deus dessa maneira também.

"Quando meus filhos eram pequenos, minha maior preocupação por eles era que não tivessem 'influência paterna' suficiente. O pai deles estava o tempo todo a serviço do ministério. Mas o Senhor ouviu minhas orações de preocupação, e meu marido se tornou um ótimo 'pai a distância'. Ele ligava constantemente, monitorava os meninos, aconselhava-os e encorajava.

Embora meus garotos não fossem órfãos, meu marido viajava tanto pelo ministério que eu precisava do alento de que Deus seria o pai deles. E encontrei esperança no Salmo 68:5 que diz que 'Deus é o pai para os órfãos'.

Esse é um versículo estranho para aplicar a uma família como a nossa, mas sei que ele tem encorajado algumas mães solteiras, e, por muitos anos, me senti como uma. Além disso, por ter de ocupar o lugar de meu marido tantas vezes com os meninos, senti que precisava de bastante sabedoria para que eles crescessem fortes e sábios. Eu temia que pudessem ser menos masculinos, mas eu não precisava ter me preocupado com isso – Deus os tornou ambos homens fortes!"

QUANDO DEUS PREENCHE AS LACUNAS

Mencionei anteriormente que Deus pode não apenas filtrar o lixo ao qual nossas crianças são expostas, mas também preencher as lacunas independentemente do que estiver faltando, como Ele fez com Kadee e Dawn Marie, que temiam que a ausência frequente do marido pudesse afetar negativamente os filhos.

Kathleen, cuja história abriu este capítulo e que está lidando com a criação de seus filhos adolescentes e jovens sem a presença do pai, já presenciou Deus preenchendo as lacunas que o marido deixara.

"Tive uma situação horrível que aconteceu com minha filha de dezessete anos. Sem que eu soubesse, ela foi a uma festa e estava bebendo. A polícia chegou no local e disse a ela que me telefonasse. Meu celular estava desligado e ela não conseguir falar comigo nem com o pai.

Finalmente, encontrou nosso filho mais velho, e que foi até o local da festa para apanhá-la. Acordei e a vi, ao lado do irmão, em pé no meu quarto.

Pelos 45 minutos seguintes, meu filho mais velho prosseguiu dizendo para minha filha tudo o que poderia ter acontecido e deu exemplos de coisas que vira e ouvira sobre situações como aquela em que ela se metera.

Eu sei e acredito de verdade que Deus colocou Suas mãos naquela situação. Mantenho meu telefone ligado constantemente, minha filha sabe que estou sempre disponível, e, pela primeira vez, ela não conseguiu me encontrar.

No entanto, Deus colocou meu filho mais velho lá, para conversar com ela sobre a realidade do consumo de bebidas alcoólicas por menores de idade e o que poderia ter acontecido. Foi muito mais eficaz vindo de seu irmão, que estava na faculdade, do que de mim.

E Deus a protegeu de qualquer coisa ruim que pudesse ter acontecido e me acordou para a realidade de que minha filha estava bebendo."

Kathleen afirmou que essa situação não apenas lhe conferiu paz, uma vez que sua filha recebeu um bom sermão do irmão sobre beber antes de ir para a faculdade, mas também ajudou a aprofundar o relacionamento entre a garota e ela.

Agora, ela se sente convencida de que Deus estará presente de várias formas para preencher as lacunas que ela temia que permanecessem vazias com a ausência do marido.

"Agora, eu sigo passo a passo e dia após dia junto a um Deus que me ama e prometeu nunca me abandonar", disse Kathleen. "Por mais difícil que seja confiar em Deus, sei que Ele tem um plano e um propósito para minha vida – e para as deles. Por meio desse momento dolorosamente difícil, comecei a conhecer o Senhor de um modo que eu nunca teria conhecido."

CONFIANDO NO FILTRO DE DEUS

Como todas essas mães confiaram no filtro de Deus? Elas descobriram promessas e orientações na Palavra Dele, às quais puderam se agarrar, orar para seus filhos e memorizar, mantendo-as fortes. Elas também tinham o plano de não passar medo para seus filhos. Ao avançar pelos passos do plano a seguir, louve o Senhor por ser seu sol e escudo, e agradeça-O, pois Ele "não recusa nenhum bem aos que vivem com integridade" (Sl 84:11).

COLOCANDO EM PRÁTICA: CONFIANDO NO FILTRO INFALÍVEL DE DEUS

Aqui estão algumas maneiras de confiar no filtro de Deus quando ocorrer algo que você não deseja, quando estiver com medo de que suas feridas possam se repetir na vida de suas crianças, ou quando for tomada pelo temor.

PASSO 1: ENTREGUE SUAS INSEGURANÇAS, DESAPONTAMENTOS E FALHAS PARA DEUS

Kathleen citou 1 Pedro 5:7 como um grande conforto para ela quando percebeu que seus filhos haviam se tornado vítimas do divórcio: "Deposite toda a sua ansiedade Nele, porque Ele cuida de você".

"Isso é muito encorajador como filho de Deus, porque Ele cuida de tudo o que me diz respeito, e quer que eu Lhe entregue tudo. Se Ele cuida de mim, então certamente cuida de meus filhos. Ele é bom, por isso eu preciso confiar Nele em tudo – nas coisas boas e nas ruins."

Quais preocupações, ansiedades ou apenas decepções simples você precisa entregar a Deus para experimentar Sua paz e permitir que Ele filtre o lixo ou preencha as lacunas? Liste essas preocupações aqui.

____

____

____

PASSO 2: CONVERSE COM SEUS FILHOS SOBRE LIMITES

Marilyn definiu o limite de não permitir que seus filhos dormissem fora de casa. E Angela se sentiu confiante a respeito dos limites que criou para sua filha instruindo-a: "Se estiver em dúvida, ligue para a mamãe". Ela percebeu que, em virtude dessa instrução, a menina se tornou capaz de construir os próprios limites ao se tornar adulta.

Liste aqui os limites que você pensou em colocar para seu filho, mas ainda não o fez (ou aqueles que ainda devem ser reintroduzidos ou reforçados).

____

____

____

PASSO 3: ENSINE SEUS FILHOS PELO EXEMPLO

Connie disse: "Esse conceito de ser o modelo de comportamento para minhas crianças às vezes tem sido o mais difícil de fazer, e me para na metade de uma frase para pensar no que dizer a elas. Ele me faz parar em meus caminhos a fim de escolher a melhor resposta ou reação. Isso também me torna mais humilde, uma vez que tenho que me voltar para minha filha de dois ou três anos de idade e confessar meu pecado, pedindo perdão pela forma como agi. Eu vi a transição dela em querer fazer as coisas como eu (ela sempre focou mais no papai), o que me estimula a permanecer no caminho certo. Isso me modificou e me ajudou em minha luta de não reagir com raiva e impaciência".

O que seus filhos precisam ver a seu respeito agora que você os ajudará a aprender por meio do exemplo? Ore a respeito disso e anote suas respostas aqui.

____

____

____

PASSO 4: ENSINE SUAS CRIANÇAS A ORAR

Não importa quão jovens ou velhos seus filhos sejam, quando ora com eles e os ensina a orar, você está investindo em sua vida espiritual.

Gail Showalter, fundadora de uma organização para mães solteiras (SMORE), já mencionada na página 37, afirmou: "Há realmente tão pouco sob nosso controle e, no entanto, como mãe, temos a tendência de pensar que devemos controlar todos os aspectos da vida de nosso filho. Minha oração mais importante para os meus é a fim de que *eles orem*. Ensiná-los a adorar, e orar não apenas tira um pouco da preocupação da mãe, mas coloca o peso onde ele deve estar – Naquele que tem o poder de cuidar dele. Uma das alegrias de ser uma mãe madura é que posso ver os frutos de ter filhos adultos, que certamente também têm problemas, mas honram a Deus e ensinam suas crianças a orar".

De que maneira concreta você pode ensinar seu filho a orar, ou lembrá-lo de que você está orando para ele? Faça-o esta semana.

TORNANDO-SE UMA MÃE SEM ESTRESSE – NA COMUNIDADE

Para análise ou discussão: qual dos quatro passos anteriores você mais precisa trabalhar? Converse com outras pessoas de seu grupo e discutam como elas podem ajudá-la a incorporar qualquer uma dessas etapas.

1. Reveja as histórias de José e Moisés nas páginas 149-153. Que aspectos dessas histórias são mais tranquilizadores para você? (circule qualquer um que se aplica, ou adicione um de seus próprios).

- ○ O direcionamento e a presença de Deus na vida deles, apesar do que os cerca.
- ○ A promoção de Deus a cada um desses jovens indivíduos a uma posição de grande influência.
- ○ Deus não permitir que a "bagagem" de seu passado ditasse seu futuro.
- ○ Sua louvável fé, apesar de suas circunstâncias desfavoráveis.

2. Leia as seguintes passagens das Escrituras e anote seus lembretes sobre como Deus é capaz de filtrar o lixo ou preencher as lacunas.

SALMOS 3

____

____

____

SALMOS 7:10

SALMOS 18:30

SALMOS 18:35

SALMOS 28:7

PROVÉRBIOS 2:7

____

____

____

3. Qual dos versículos da atividade 2 você anotará em um cartão, colocará em um lugar em que esteja sempre visível ou levará consigo, comprometendo-se a memorizar até a próxima semana? Escreva-o aqui para ajudá-la a se lembrar dele.

____

____

____

____

4. Separem-se em grupos de dois e três e orem juntas a seguinte oração, inserindo nela o nome de cada uma das crianças umas das outras.

> Obrigada, Senhor Jesus, por iluminares nosso caminho e nos protegeres nele também. E Tu fazes o mesmo com nossos filhos. Obrigada por não recusares nenhum bem a ________________ quando ________________ vive em integridade (Sl 84:11). Eu Te louvo também por não permitires que nada que não tenha antes passado por Tuas mãos amorosas toque a vida de ______________. Eu confio nisso. Eu descanso nisso. E descanso em Ti. Amém.

7º SEGREDO

Entregar as decisões ruins deles a Deus

CAPÍTULO 7

VOCÊ FEZ O QUÊ?

Joani e o marido têm atuado no ministério por toda a vida de casados. Seus três filhos cresceram na igreja, e todos professam seu amor pelo Senhor. Por essa razão, admiro a reação de Joani quando seu filho mais velho, agora com dezenove anos, recentemente admitiu ter experimentado maconha na casa de um amigo.

Em vez de responder: "Você fez *o quê*?" (como eu poderia ter feito), ela não demonstrou na voz ou no rosto o pânico que sentia em seu coração. Em vez de reagir de forma emocional, na defensiva ou acusadora, ela perguntou calmamente: "Uau, o que fez você querer experimentar?".

Taylor disse que, como os amigos estavam sempre falando sobre aquilo, ele quis experimentar também.

– Você acha que vai querer fazer isso novamente? – perguntou ela.

– Talvez... mas provavelmente não – respondeu Taylor.

Então, Joani começou a instruir o filho:

– Você sabe, quando algo assim acontece, é uma boa oportunidade de dizer: 'Bom, eu experimentei e agora sei que não quero continuar com isso'. Por isso, estou feliz que você tenha experimentado, se isso vai ajudá-lo a chegar a essa decisão. E, se você pretende ser crente em Jesus, esse é um tipo de comportamento que provavelmente não é o melhor; ele não o torna menos crente, mas você tem a chance de ser *todo* Dele ou estar dividido. É, em última análise, *sua* escolha de onde quer estar com Deus.

A confissão de Taylor se tornou um momento de aprendizado para ele. E, desde então, o rapaz não teve medo de se aproximar da mãe para falar sobre outras questões (e também não quis fumar maconha outra vez).

Conheço os rapazes de Joani há muito tempo. E minha resposta, ao ouvir a história dela, foi que, se Joani e Mike tinham de lidar com essas questões, então qualquer um de nós pode se encontrar em situações semelhantes. Mesmo quando criamos nossos filhos na igreja, mesmo quando criamos filhos realmente bons, situações como essas ainda acontecem. Ainda há tentações neste mundo. Ainda há momentos em que nossas crianças não fazem as melhores escolhas. E sempre há oportunidades de momentos de aprendizagem, em vez de preocupações e tristeza.

NOSSAS EXPECTATIVAS

Quando criamos nossos filhos na igreja e lhes proporcionamos uma sólida formação bíblica em casa, temos a tendência de pensar que nunca precisaremos lidar com situações como drogas, bebidas, pornografia, promiscuidade, ou que eles jamais terão problemas com a lei. Na realidade, porém, nossas crianças, crentes ou não, são tão suscetíveis às tentações deste mundo como qualquer outra pessoa. Elas vão querer "experimentar coisas novas". Elas irão nos desapontar, provavelmente muitas vezes, com suas escolhas tolas.

Talvez seu coração já tenha sido partido – por causa de uma mentira que seu filho de três anos lhe contou, ou de uma anotação da escola sobre ele, de cola em uma prova, de uma noite em que ele não voltou para casa, ou do dia em que você soube que ele estava vendo pornografia. De vez em quando, seu coração será partido porque todos nós, inclusive nossos filhos, temos a natureza pecaminosa. A Bíblia nos diz em Romanos 3:23: "Todos pecaram e estão destituídos da glória de Deus".

Se nossos filhos não alegam serem crentes em Jesus Cristo, então não é possível haver expectativa de nossa parte de que eles sigam as leis espirituais. Até que tomem a decisão de viver para Cristo, sejam morada do Espírito Santo e tenham uma nova natureza, eles permitirão que o mundo seja mais influente em suas vidas.

Uma vez que se tornem crentes, nós podemos, então, mudar nosso papel ensinando-os e ajudando-os a entender, como Joani fez, o que significa estar "todo" em Deus, ou ter apenas um pé em Seu mundo e outro no mundo dos homens.

No entanto, mesmo como seguidores comprometidos de Cristo, algumas vezes nossos filhos ainda vão ceder às tentações. Acredito que a maior indicação de que eles obedecerão a Deus ou farão escolhas ruins se resume a sua relação com o Pai e se vão se render à convicção que o Espírito Santo realiza em seus corações. No entanto, outro fator pode centrar-se em como nós, mães, reagimos a sua rebeldia. Será que vamos exagerar? Será que nos tornaremos julgadoras? Será que tentaremos reprimir e fomentar dentro deles o desejo de se rebelarem ainda mais? Creio que nossas reações irão determinar se (1) eles farão a mesma má escolha de novo, ou (2) irão pedir nossos conselhos quando estiverem lutando contra uma tentação ou escolha.

A REALIDADE DA REBELDIA

Quando nossas crianças fazem escolhas ruins, podemos temer que isso cause um reflexo ruim em nós. Apesar disso, um amigo pastor me disse algo que impactou profundamente minha forma de pensar: "Deus foi o pai perfeito e, mesmo assim, Adão e Eva pecaram".

Pense nisso. Deus é absolutamente perfeito. Ele não tem bagagem ou algum transtorno de como foi "criado". Ele não enfrenta dificuldades no casamento com as quais Suas crianças tenham de lidar. Ele não era um pai viciado em trabalho que negligenciou os filhos. E, além de ser perfeito, Ele colocou Adão e Eva no ambiente perfeito e forneceu-lhes tudo que possivelmente iriam querer, bem como aquilo de que precisariam, para serem felizes por toda a eternidade. Deus os colocou em um local seguro e explicou-lhes claramente os limites (que bom pai não impõe limites a seus filhos?). Deus estabeleceu a fronteira na "árvore do conhecimento do bem e do mal". Ele não queria que ambos conhecessem o mal. Seu desejo era que permanecessem inocentes, na justiça, em perfeita unidade com Ele.

Eva, no entanto, era curiosa, não era? E Adão cedeu à "pressão da garota", não foi? Essas duas pessoas tinham um pai absolutamente perfeito, e ainda assim fizeram uma má escolha. E isso tornou Deus negligente, ingênuo, ignorante, insensato, desinteressado ou mesmo um pai ruim? Não. Isso significa que Seus filhos optaram pelo próprio caminho em vez de o Dele, e pagaram um preço por isso.

O mesmo acontecerá com nossos filhos.

Em um momento ou outro, eles também se sentirão curiosos sobre o pecado. Eles irão vê-lo como mais desejável do que agir de acordo com o que é certo. Eles também ficarão tentados a testar os limites. Também vão mentir, roubar um pedaço de doce, ou fazer alguma coisa que você os instruiu claramente a não fazer. E, quando isso acontecer, você terá uma lembrança viva de por que nós precisamos de um Salvador.

A natureza do pecado de suas crianças é obrigada a surgir mais cedo ou mais tarde. Quando ela o faz, você tem a oportunidade de conversar com eles sobre a nova natureza que Cristo oferece. Ou você pode se preocupar, entrar em pânico e perder o controle. Um modo de passar com sucesso pelas decisões ruins, rebeldias ou pensamentos e comportamentos descontrolados é a maneira como você responde.

ESCOLHENDO COMO RESPONDER

Joani percebeu que o incidente de fumar maconha, junto ao de beber cerveja e algumas outras situações com seus meninos no ano seguinte e talvez mais, começou com uma confissão, depois do fato, e, por fim, transformou-se em situações em que seus filhos *pediram* conselhos antes de se aventurarem no que estavam pensando em fazer. Se Joani e Mike tivessem reagido exageradamente às situações ou cruzado os braços e dito: "O que mais virá?", ou, ainda, personalizado cada incidente e perguntado na defensiva: "Por que você está fazendo isso conosco?", eles provavelmente teriam perdido a esperança em seus filhos.

Em vez disso, os dois meninos de Joani aprenderam que é melhor ir até a mãe e dizer a ela o que estavam *pensando* em fazer do que partir seu coração deixando-a descobrir por conta própria, ou depois de o fato ter acontecido. E, com sua honestidade e aviso antecipado, Joani poderia ter reagido de forma emotiva e inflexível, dizendo: "Absolutamente não". No entanto, caso tivesse agido dessa maneira, é bem possível que seus filhos tivessem (1) seguido em frente, realizando o que queriam de qualquer maneira, ou (2) tomado conhecimento da reação da mãe e concluído: "Essa é a última vez que dizemos para mamãe o que temos em mente". Em vez disso, essa mãe sábia disse, na ocasião: "A opção é sua, mas saiba que pode haver uma consequência".

Em suma, os garotos de Joani aprenderam que a mãe tem conselhos bons e sensatos. E eles agora sabem acatar os avisos ou ouvir os conselhos delas.

CONSTRUINDO SUA CONFIANÇA

Queremos que nossos filhos nos digam o que está acontecendo na vida deles. Mas, se acreditam que ficaremos na defensiva, zangadas ou iremos condená-los ou censurá-los, podem preferir fazer as coisas pelas nossas costas e pensar: *Se mamãe não souber, não ficará magoada.*

Você e eu sabemos que, uma vez que descobrimos aquilo de que não tínhamos conhecimento, acabamos nos sentindo ainda mais feridas.

Joani disse: "Meus filhos sabem que podem vir até nós porque não vamos envergonhá-los ou reagir de forma exagerada. E isso acontece apenas por causa da conexão que Mike e eu temos com Deus, que está no comando.

Como posso não reagir de forma exagerada, mas fazer perguntas de forma calma e sem envergonhá-los? Dando tempo a eles. Espero até conversar com eles. Oro a respeito daquilo antes, me acalmo, e então converso no momento certo. Quando algo é apresentado a mim, sou capaz de manter a compostura por causa de minhas crenças. Honestamente, lá no fundo, minhas reações são exageradas, mas não é possível detectá-las em virtude do comedimento do Espírito Santo em minha vida. Se meus filhos nunca falharem, eles não saberão o que significa curar-se e escolher Cristo sobre todas as coisas."

Embora os solavancos habituais da caminhada tenham existido, Joani diz: "Meus três filhos [ela tem uma filha pré-adolescente também] estão indo muito bem hoje. Acredito que por causa de três fatores: (1) ligação pessoal com Cristo por meio de Sua Palavra e a consciência de Seu Espírito Santo na minha vida (e na prática dela); (2) lembrar a mim mesma que minhas crianças são um 'empréstimo' – não uma propriedade minha, mas de Deus, e tenho o privilégio de orientá-las e ajudá-las a crescer; e (3) quando os dois tópicos anteriores estão presentes, há a possibilidade de uma maternidade não reativa".

Joani acrescentou: "Quando meus filhos estavam com cerca de cinco e sete anos, perguntei a eles: 'Do que vocês gostam na mamãe, e do que não gostam?'. Eles me disseram que o que *não* gostavam era a 'expressão' em meu rosto e o 'tom' da minha voz quando estava zangada. Naquele momento, aprendi que nossas crianças também existem para nos ajudar a manter a responsabilidade. Não se trata apenas de um relacionamento e de responsabilidade pai/filho, mas filho de Deus/filho de Deus. Nós nos ajudamos a crescer mutuamente. Eu disse a eles naquele dia: 'Vou tentar mudar isso. Foi uma informação útil'. E saiba que foi quando senti vontade de começar a fortalecer meus filhos e a criar um ambiente seguro em que eles estivessem livres para serem honestos. Nós *podemos* de fato conversar sobre qualquer coisa. Isso torna nossa caminhada rica e turbulenta".

Joani percebe que os filhos ainda estão crescendo, e ela diz: "Sei que os dias que virão podem ser difíceis, mas não estou preocupada". Seus garotos conhecem Deus e sabem que há consequências em desobedecer a Ele, e bênçãos com a obediência. "Este mundo não é o nosso lugar. Não é apenas um campo de testes cheio de tentações, mas um campo de treinos de amor e aceitação!"

COMO VOCÊ RESPONDERIA?

Como você reage ao ouvir que seu filho está fazendo uma escolha ruim? Preocupa-se e imagina o pior? Ou leva o problema a Deus em uma oração rápida? Minhas duas orações rápidas favoritas são: "Senhor, ajuda-me a saber como reagir neste momento" e "Deus, por favor, dá-me Tuas palavras, não as minhas".

Nós podemos afastar nossos filhos pela forma como respondemos a suas escolhas ruins, ou aproximá-los de nós e ensiná-los a receber a graça e a aprender com os próprios erros. Tudo depende de se você se preocupa ou se exerce a sabedoria; se entra em pânico ou ora; se é preocupada ou aguerrida. Uma pessoa preocupada é aquela que habita nos cenários "E se...?" e constantemente imagina o filho terminando atrás das grades ou morando nas ruas. A pessoa aguerrida é aquela que derruba as portas do Hades para lembrar o inimigo, em nome de Jesus, a quem aquela criança realmente pertence.

PREOCUPADA OU AGUERRIDA?

Dê uma olhada na tabela a seguir. Se você for uma pessoa preocupada, suas respostas refletirão mais na coluna da esquerda do que na da direita.

A preocupada pensa (ou diz em voz alta)	A aguerrida ora ou diz
A que isso vai levar?	Isso é algo com o que você pode aprender.
Por que você faria isso comigo?	Não se trata de mim; trata-se do coração de meu filho.
O que as pessoas vão falar?	Deus, isso é sobre o Senhor e meu filho.
Acabaram as suas chances de ter uma vida grandiosa agora.	Deus perdoa, restaura e dá a você outra chance.
Onde você aprendeu esse tipo de comportamento?	Todos nós pecamos, inclusive eu. Mas isso não determina quem você é.
Vou deixar seu pai (treinador, diretor, chefe) resolver com você.	Estou grata por você conversar comigo e me confessar. (Ou, se eles não confessaram: você gostaria que orássemos juntos a respeito disso?)

Você consegue perceber como as reações na coluna da esquerda implicam pânico, confusão ou sua defensiva? (A última resposta é até mesmo passivo-agressiva.) Nenhum filho quer dizer à mãe ou ao pai o que fez quando esses tipos de reações emotivas inevitavelmente ocorrerão. No entanto, se você for uma pessoa aguerrida, sua resposta soará semelhante às que estão do lado direito. Elas não apenas serão acompanhadas de mais oração, mas também serão mais bem analisadas e vistas de uma maneira que mostra uma compreensão do quadro geral, que é o trabalho final de Deus no coração de seu filho. Além disso, ao ser uma guerreira de oração, você está apelando pelo poder de Deus para ajudá-la, ao passo que uma pessoa preocupada acredita que está sozinha na situação.

Onde há lugar para o confronto pessoal e a advertência, também há tempo e lugar para a graça. Se seu filho se confessou para você, ele provavelmente está procurando essa graça. Se acontecer de você descobrir por si mesma a escolha ruim dele, recomendo levá-la a Deus antes e pedir a Ele sabedoria para agir. Esse teste pode ser o momento de descobrir se você consegue lidar da forma correta.

Acredito que muitas vezes é melhor conversar com Deus sobre suas crianças do que falar com elas sobre Ele (especialmente em momentos de estresse ou de disciplina). Seus filhos não querem um sermão quando já sabem que suas ações foram erradas e que fizeram o que não deviam. Talvez eles precisem mais ver que você responde da mesma maneira que Deus o faz quando confessamos nossos pecados a Ele. Quando O desapontamos, Ele não vem aborrecido. Não faz mais acusações. Não nos ignora e nos obriga a ganhar o direito de falar com Ele novamente. Não guarda rancor. E não nos censura.

Os Salmos 103:8-14 descrevem a maneira como nosso Pai Celestial age conosco, e acredito que seja um excelente modelo de como deveríamos agir com nossas crianças, especialmente quando elas se sentem arrependidas:

> O Senhor é compassivo e misericordioso, mui paciente e cheio de amor. Não acusa sem cessar nem

> fica ressentido para sempre; não nos trata conforme os nossos pecados nem nos retribui conforme as nossas iniquidades. Pois como os céus se elevam acima da terra, assim é grande o seu amor para com os que o temem; e como o Oriente está longe do Ocidente, assim ele afasta para longe de nós as nossas transgressões. Como um pai tem compaixão de seus filhos, assim o Senhor tem compaixão dos que o temem; pois ele sabe do que somos formados; lembra-se de que somos pó.

E em Isaías 43:25 aprendemos que Deus prefere não se lembrar de nossas transgressões, e nunca as trará à tona novamente: "Sou eu, eu mesmo, aquele que apaga suas transgressões, por amor de mim, e que não se lembra mais de seus pecados".

Você consegue ser um pai misericordioso, amoroso e paciente como esse, mesmo à luz das transgressões de seu filho? Esse é meu objetivo, e estou certa de que é o seu também.

SUBSTITUINDO O PÂNICO PELA PAZ

Sei que você, assim como eu, não quer ser uma mãe que entra em pânico e reage emotivamente quando descobre que seu filho fez algo que não devia. Por isso, aqui estão alguns conselhos que Joani e outras mães deram, assim como a sabedoria da Palavra de Deus, para nos ajudar a exibir paz em vez de pânico quando nossas crianças nos decepcionam.

PENSE NO MELHOR, NÃO NO PIOR

O que você fará com a informação que tem sobre a escolha ruim de seu filho? Vai usá-la para se tornar paranoica, acreditando que ele é ainda pior do que admitiu para você? Passará a suspeitar que ele está fazendo coisas erradas o tempo todo? A preocupada continua a pensar no pior que pode acontecer. A aguerrida, no entanto, pensa no melhor, e entrega a Deus em oração.

Lembra-se da fórmula para paz em Filipenses 4:6-8 da qual falamos no capítulo 2? Ela é também a fórmula para uma resposta sábia ao pecado de seu filho: (1) não se preocupe com nada; (2) ore a respeito de tudo; (3) pense no que é verdadeiro; e (4) experimente a paz de Deus.

Pensar no que é verdadeiro significa colocar os olhos sobre o que Deus é capaz de realizar, e não no pior que pode acontecer. Durante os primeiros anos da adolescência de minha filha, eu me sentia tão temerosa por não saber sobre os envolvimentos dela que me tornei, na verdade, um pouco paranoica com a possibilidade de ela estar me escondendo alguma coisa... Meus amigos me contaram histórias, várias, de coisas que seus filhos faziam pelas costas deles, e eu não queria ser uma mãe ingênua que apenas assume que a filha nunca fez nada como aquilo.

No entanto, olhando para trás agora, me pergunto: "Por que não?". Se eu me sentia preocupada sobre ser ingênua, o foco estava em *mim*... e em como eu seria vista. Eu tinha uma filha que não era inclinada à rebeldia. Ela não era do tipo que guarda segredos. Era franca e honesta na maioria das vezes. E, embora tivéssemos nossos problemas na ocasião em que era mais nova e não completamente honesta comigo, ela não estava sendo dissimulada, conivente ou fazendo qualquer coisa que eu temia. Gostaria de ter confiado nela e ter lhe dado o benefício da dúvida. Gostaria de ter focado no melhor dela, em vez de focar no "E se...?".

Nos Salmos 139:17,18, Davi, o salmista, diz que Deus pensa apenas o melhor a nosso respeito:

> Como são preciosos para mim os teus pensamentos, ó Deus! Como é grande a soma deles! Se eu os contasse, seriam mais do que os grãos de areia. Se terminasse de contá-los, eu ainda estaria contigo.

Deus tem muitos pensamentos a nosso respeito, e eles são preciosos. Pensamentos bons, doces e amorosos, ainda que Ele saiba perfeitamente bem do que somos capazes. Tais pensamentos não se baseiam na ignorância do que estamos fazendo, mas na imagem de como Ele nos vê – puros e impecáveis quando confiamos em Seu filho, Jesus, para a nossa justiça e salvação. Deus pensa o melhor a nosso respeito mesmo que saiba sobre o nosso pior.

Você consegue pensar sobre seu filho do modo como Deus pensa sobre você?

DIFERENCIANDO MEDO DE DISCERNIMENTO

Anos atrás, tive uma amiga que sofria de pesadelos constantes sobre a segurança e o comportamento de seu filho em idade escolar. "Tenho tanto medo de que algo aconteça com ele", ela me dizia. "Acho que Deus está me dizendo para orar por ele para que nada aconteça."

E, no entanto, as Escrituras dizem: "Deus não nos concedeu espírito de covardia [...]" (2Tm 1:7). Ter medo é imaginar o pior. Medo é falta de confiança. Medo é ausência de fé.

Deus não lhe proporciona sonhos para assustá-la. Nem a deixará saber de algo prestes a acontecer, a não ser que Ele associe isso a uma paz perfeita. Deus é Aquele que confere paz diante do medo. Ele é Aquele que prepara seu coração com calma, sem pânico, se algo está prestes a acontecer.

Por outro lado, Deus pode sensibilizar seu coração para orar por uma criança no meio da noite, para descobrir mais tarde que aquele era o momento em que ele ou ela precisava de ajuda ou encontrava-se em uma situação potencialmente perigosa. No entanto, aquela vontade de orar que toma seu coração não será medo – apenas cuidado ou um sentimento urgente de orar. (Você lerá mais a respeito desse tipo de cenário no próximo capítulo.)

NÃO SE PREOCUPE COM O QUE OS OUTROS VÃO PENSAR

Uma amiga, que tem três filhos adultos, recentemente me disse: "Muitas vezes é no meio da noite que começo a me preocupar com meus filhos... quando penso nas coisas que acredito que eles deveriam estar fazendo ou nas áreas em que julgo que precisam melhorar. Então, com frequência, quero estar no controle de suas ações. E, para ser honesta, em muitos momentos minha preocupação decorre do medo do que outras pessoas pensarão de meus filhos e de mim como mãe. Mais e mais, tenho que praticar o hábito de levar todos os meus temores a Deus e voltar à razão, olhando para as situações sob Sua perspectiva e me lembrando de que cada um de meus filhos é uma obra Dele em andamento, assim como eu".

Quando percebemos que devemos prestar contas a Deus – e não a outras pessoas – sobre como criamos nossas crianças, podemos descansar mais facilmente no fato de que Ele nos compreende, mesmo que os outros não.

NÃO DESISTA DELES

A descrição de amor da Bíblia em 1 Coríntios 13:4-7 é muitas vezes lida em casamentos e manteve-se como um modelo de amor divino entre marido e mulher. Esse quadro, no entanto, aplica-se ao relacionamento pai-filho também. Observe especialmente o último versículo nesta passagem:

> O amor é paciente, o amor é bondoso. Não inveja, não se vangloria, não se orgulha. Não maltrata, não procura seus interesses, não se ira facilmente, não guarda rancor. O amor não se alegra com a injustiça, mas se alegra com a verdade. Tudo sofre, tudo crê, tudo espera, tudo suporta.

Em outra tradução, essa última frase diz que, se você amar alguém, "será real para com ele, custe o que custar. Sempre acreditará nele, sempre esperará o melhor dele, e sempre se manterá em sua defesa" (NBV).

Essas quatro palavras – sofre, crê, espera, suporta – descrevem o que realmente significa não desistirmos de nossos filhos, mas sermos seus pais apesar dos problemas. Você está de fato passando por todas as situações com seus filhos, acreditando no melhor deles em todos os momentos, esperando pelo melhor naquilo em que eles estão envolvidos, e suportando tudo com eles? Quando puder responder a essas perguntas com um sim, você os estará amando como Deus a ama.

Quando estava escrevendo meu livro *When a Mom Inspires Her Daughter*, entrevistei jovens mulheres que foram criadas em lares cristãos e que acreditavam que os pais haviam colocado um padrão muito alto para elas atingirem. Todas descreveram a educação recebida usando expressões como: *cheio de regras*, *autoritário* e *perfeccionista*.

É verdade que Deus tem um alto padrão para todos nós. No entanto, absolutamente nenhum de nós consegue atingir esse padrão. Por isso, foi preciso que Jesus morresse na cruz a fim de assegurar nosso perdão e justiça diante de Deus e tomar sobre si todas as nossas culpas. Quando começamos a ver nossos filhos como pecadores, assim como nós, e pessoas que precisam da graça e de perdão, exatamente como nós, responder a eles de forma mais amorosa e cristã se torna muito mais fácil.

Todos somos uma obra em andamento. Todas nós, mães. E todas as nossas crianças. Estamos em desenvolvimento, tropeçando (literalmente) na tenra infância e (figurativamente) pela adolescência e vida adulta. E Deus trabalha em nossas crianças e em nós ao mesmo tempo, a Seu modo. Confie no processo – tanto do crescimento físico quanto do espiritual.

Deus está tornando ambos, você e seu filho, as pessoas que Ele quer que sejam.

Às vezes, é fácil submeter nossas crianças a nosso julgamento, ser dura com elas porque não queremos que excedam os limites, olhar para elas de cima, do alto de nosso pilar de presunção, e rebaixá-las em decorrência das confusões que aprontaram. Entretanto, em última análise, é o amor que sempre vence. A graça sempre governa.

O amor perdoa muitíssimos pecados (1Pe 4:8) e mantém a porta aberta para a restauração.

AME-OS COMO DEUS FAZ

Finalmente, um dos motivos pelos quais nos preocupamos é o fato de termos a tendência a olhar para o que poderia ser e para o que devemos nos preparar, e esquecermos que Deus está atuando no aqui e agora nas vidas de nossos filhos, assim como nas nossas.

Oswald Chambers disse:

> Deus não está trabalhando para chegar a um final em particular – Seu propósito é o processo em si. O processo, e não o resultado, é que é honroso para Ele. A formação de Deus é para agora, e não mais tarde. Seu propósito é para este exato minuto, não para algum momento no futuro. [Isso vale tanto para seu filho como para você.] Chambers ainda observou: "Se percebermos que a obediência a cada momento é o objetivo, então cada momento que há é precioso.[31]

Cada momento não é apenas precioso, como também pode ser um aprendizado. Assim como quando você considera que Deus está trabalhando agora na vida de seu filho – em suas boas *e* más decisões, quando ele alegra o coração dele e quando o parte.

Ame-o como Deus o faz em todas as suas ofensas. E você pode aprender muito sobre como Deus *a* ama também.

---

31 CHAMBERS, Oswald. *My utmost for His highest: An updated edition in today's language* [Editado por James Reimann]. Grand Rapids, MI. Discovery House. 28 de julho. (CHAMBERS, Oswald. *Tudo para Ele.* Belo Horizonte: Editora Betânia, 1988.)

COLOCANDO EM PRÁTICA: ENTREGANDO SUAS DECISÕES RUINS PARA DEUS

Insira os nomes de seus filhos nos espaços em branco e ore por eles agora – e com eles no momento apropriado:

> Deus, obrigada pelo fato de as decisões de _______________ nunca Te pegarem de surpresa. E essas decisões nunca diminuem Seu amor por __________. Sonda __________, ó Deus, e conhece o coração dele/dela; prova-o, e conhece as suas inquietações. Vê se na conduta dele/dela algo Te ofende, e dirige ____________ pelo caminho eterno (Sl 139:23,24). Deixa livre o caminho de __________ para que não se torçam os seus tornozelos (Sl 18:36). Dá entendimento a _______________ para que ele/ela guarde a Tua lei e a ela obedeça de todo o coração. Dirige ___________ pelo caminho dos Teus mandamentos, pois nele encontrará a satisfação. Inclina o coração de ______________ para os teus estatutos, e não para a ganância. Desvia os olhos de __________ das coisas inúteis; faze-o/a viver nos caminhos que traçaste (Sl 119:34-37). Acima de tudo, guarda o coração de __________, pois dele depende toda a sua vida (Pv 4:23). Dá-me sabedoria como mãe de __________ para guiá-__, mostrar graça em relação a ele/ela da mesma forma que Tu fazes, e, por meio de minha própria vida, mostrar-lhe o que significa caminhar contigo de forma mais obediente e próxima.

TORNANDO-SE UMA MÃE SEM ESTRESSE – NA COMUNIDADE

Para análise ou discussão: como você responde ou reage quando descobre que seu filho fez uma escolha ruim ou tola?

1. Olhando a tabela da página 175, você classificaria a si mesma como uma pessoa preocupada ou aguerrida? Por quê?

____

____

____

____

2. Qual das afirmações seguintes é a mais desafiadora para você agora?

a) Foque no melhor em seu filho, não no pior.
b) Diferencie medo de discernimento.
c) Não se preocupe com você mesma e sua reputação.
d) Não desista deles.

Como você pode recorrer à ajuda de Deus e de outras pessoas nessa área?

____

____

____

3. Procure os versículos seguintes e registre a resposta de Deus ao pecado.

SALMOS 103:8

SALMOS 103:9

SALMOS 103:10

SALMOS 103:12

ISAÍAS 43:25

4. Qual dos versículos anteriores você imprimirá e colocará em sua geladeira, no computador de mesa ou no painel do carro para que olhe quando estiver tentada a reagir de forma emotiva a uma decisão ruim de seu filho?

8º SEGREDO
Confiar em Deus como base espiritual deles

CAPÍTULO 8

VOCÊ ESTÁ PARTINDO MEU CORAÇÃO

Como uma mãe confia verdadeiramente em Deus e não se preocupa quando vê o filho entrando em uma espiral descendente?

Como ela sabe quando deve dizer algo ou deixar o filho agir sozinho?

Como ela pode confiar que, ao final, Deus tem o melhor em mente quando o cenário todo parece horrível?

Eu pedi a minha amiga, Cyndie, que me contasse sua história com as próprias palavras a fim de que você se identifique com seu coração de mãe, sinta sua dor em sua batalha e regozije com ela quando Deus por fim se manifestou.

"Provavelmente, o momento mais assustador para mim, como mãe, foi ver minha filha totalmente transformada de uma mocinha, que buscava a Deus em cada necessidade, em uma jovem no caminho da autodestruição.

Ela conheceu o Senhor ainda bem nova e sempre viveu com o propósito de servi-Lo. Lembro-me de vê-la pegar a 'Bíblia Ilustrada', levá-la ao jardim e reunir as crianças da vizinhança para apresentar o plano de salvação com seu livro. Minha filha tinha apenas seis anos. Eu sorrio quando me lembro de sua vozinha doce cantando canções de adoração antes de dormir. Deus lhe deu uma voz linda para o canto, a qual ela usou para Sua glória por muitos anos.

Durante o período escolar, ela continuou sua caminhada no serviço cristão. Envolveu-se em muitas viagens missionárias, retiros e estudos da Bíblia. Frequentemente orava por amigos que se encontravam em dificuldades e procurava outros sem se preocupar com o preço que pagaria por isso, o que às vezes resultava em rejeição e afastamento daqueles com quem ela tanto se importava.

Minha filha escolheu cursar uma faculdade cristã e teve bastante destaque acadêmico. No entanto, seus relacionamentos pessoais continuavam uma batalha e eu podia ver que isso a deixava um tanto deprimida. Ela decidiu procurar um terapeuta, com quem se consultou por um curto período. Na época de sua graduação, ela já havia ganhado uma significativa quantidade de peso e ainda lutava contra a depressão. Após a formatura, começou um trabalho muito estressante e de grande responsabilidade. E não foi surpresa o fato de ter se tornado uma ótima funcionaria; na verdade, seu senso de organização é muito bom. Era constantemente promovida e continuava a investir na vida de outras pessoas, tanto no trabalho como na igreja, sempre mantendo os olhos no Senhor, procurando por Sua orientação."

A INESPERADA ESPIRAL DESCENDENTE

"Conforme os anos passaram, minha filha continuou a ganhar peso e, após inúmeros programas de controle de peso fracassados e muita oração, decidiu fazer uma cirurgia de redução de estômago. O procedimento foi um sucesso e no primeiro ano ela perdeu 58 quilos. Estava ótima e se sentia ótima. Parecia empolgada com a vida novamente, mas começou a perceber como era tratada de forma diferente por homens e mulheres, e isso a incomodava. Continuava a dizer que era a mesma pessoa de sempre, e não entendia toda aquela atenção. Foi nesse período que senti uma relutância dela com relação à igreja. Ela começou a faltar alguns domingos, usando o trabalho como desculpa, o que até poderia ser o caso, embora não fosse seu estilo.

Pela primeira vez, ela começou a sair com homens e foi então que seu trabalho a levou para o exterior por muitos meses. Nesse período, ela deu o primeiro beijo e passou a beber socialmente, encorajada por uma amiga que afirmou que isso a ajudaria a ser mais desinibida e mais relaxada durante um encontro. Como estava na casa dos trinta, minha filha achou que era hora de crescer e experimentar mais os relacionamentos e tudo o que eles ofereciam. Isso foi um susto para mim e eu a procurei para conversar, mas ela me garantiu que estava tudo bem. Ainda assim, eu me preocupava, pois minha família tem histórico de alcoolismo e problemas mentais. Então, dizer que eu me preocupava era pouco! Nossas vidas estavam prestes a embarcar em uma viagem que eu *jamais* imaginara!

Assisti e orei por muitos anos enquanto, aos poucos, minha linda filha saía do controle. Eu procurava familiares e amigos, torcendo para que alguém compreendesse minha preocupação e conversasse com ela sobre o que estava acontecendo em sua vida. Na maioria das vezes, eles me diziam que era exagero meu e que ela apenas aproveitava o tempo perdido, já que não havia vivido a maioria das experiências que adolescentes e jovens vivem. Tivemos muitas conversas a respeito disso, a maioria por telefone, e, enquanto falávamos, eu sabia que ela estava bebendo. Nossas conversas eram com frequência esquecidas, o que me dava mais razões para acreditar que poderia perdê-la.

Por muitas noites eu chorava e implorava a Deus que 'consertasse' minha filha. Disse a Ele que faria o que fosse preciso para ajudá-la, mas nada aconteceu e, a cada ano que eu assistia a sua autodestruição, entrava em depressão, sendo guiada por medo, raiva e decepção com Deus. Não consegui aceitar o fato de Ele deixar essa criança, Sua filha, se afundar, mesmo tendo vivido décadas por Ele! Eu me senti absolutamente só, triste, decepcionada e muito amedrontada.

Não conseguia orar, mas Deus, em sua misericórdia e graça, ainda encontrava maneiras de falar comigo – fosse por meio de um pensamento que surgia em minha mente, uma música de uma estação de rádio cristã, ou até uma frase em uma mensagem na igreja. Continuei a ler livros de autoajuda e minha Bíblia, e neles encontrei força e encorajamento – o bastante para atravessar minha longa noite... até chegar ao próximo destino de minha jornada."

A JORNADA TAMBÉM ERA DA MÃE

"Naquela época, eu não percebi, mas a jornada também era *minha*. Após aproximadamente oito anos lidando com tudo o que se refere a assistir à autodestruição de uma criança, compreendi que precisava de ajuda. Parti em busca de um terapeuta cristão na esperança de encontrar algum alívio para aquilo que se tornara uma completa depressão. Minha filha me acompanhou em algumas sessões, acreditando que suas contribuições seriam importantes para meu processo de cura. No entanto, ela não fazia a menor ideia de o quanto minha dor era resultado de sua bebedeira e do meu medo por seu bem-estar. Ao final, ela sentiu uma conexão com o terapeuta e decidiu realizar o tratamento também.

Durante o primeiro ano, cada uma das minhas sessões foi centrada em minha filha. Ela agora bebia pelo menos duas garrafas de vinho todas as noites e ainda não percebera a gravidade de seu problema. Presumi que a bebedeira pararia no momento em que a terapia começasse e que ela voltaria a ser aquela jovem de quem eu tanto sentia falta, mas isso não aconteceu. Eu temia que minha filha acabasse se machucando ou algo pior. E então, certa noite, Deus usou uma mulher que compartilhava seu testemunho na igreja para falar diretamente comigo. Ouvi-O dizer por meio dela: 'Cyndie, você pode Me confiar sua dor, *mesmo* que não veja os resultados que espera?'. Foi exatamente nesse momento que meus olhos se abriram. Deus está no controle! Minha dor é somente minha e a dor de minha filha é somente dela. Eu posso me responsabilizar apenas por mim mesma – é isso!"

SOLTANDO O FARDO

"Naquele momento de descoberta, finalmente devolvi minha filha a Deus. Ele é o Pai, não eu! Esse fardo saiu de minhas costas, trazendo-me uma libertação espiritual e emocional que eu jamais achei que teria. Entendi que não era meu trabalho consertá-la ou a qualquer outra pessoa. Toda a culpa que eu sentia por 'não fazer um bom trabalho' em criar minha filha era desnecessária, pois ela, como uma adulta, faria as próprias escolhas. Gostaria de ter feito algumas coisas de forma diferente? Sim! Posso voltar no tempo e fazê-las? Claro que não. Mas, novamente, não é meu trabalho consertar ninguém. Deus pode realizar uma obra-prima a partir da grande bagunça em que às vezes transformamos nossas vidas. Era chegada a hora de exercitar minha fé. Finalmente me senti segura com o Pai Celestial. Isso foi demais para mim! Sou uma 'consertadora', e recuar foi uma das atitudes mais difíceis que tive de aprender e continuo aprendendo.

Muitos meses depois de ter começado a terapia, minha filha estava afastada de mim. Era óbvio que se sentia ressentida, e, nas poucas vezes em que nos falamos por telefone, notei a irritação em sua voz, assim como certa hostilidade. Era muito difícil lidar com isso. Meu coração estava partido, mas Deus me lembrou de que eu Lhe dera minha filha a qualquer custo para mim, lembrando-me de que Ele é suficiente.

Em nosso segundo ano de terapia, ela começou a reconstruir sua relação com Deus. Voltou a frequentar a igreja e começou a participar do ministério dos solteiros e estudos da Bíblia. Tornou-se mais suave comigo. Percebeu que o álcool estava destruindo sua vida e decidiu parar de beber, disse que perdera completamente a vontade e não pensava mais nisso, mesmo quando se sentia triste ou ansiosa. Faz dois anos desde a última vez que bebeu. Ela está reconstruindo a relação com Deus e permitindo-se 'sentir' em vez de se entorpecer com álcool. Estou muito orgulhosa com seu trabalho árduo no processo de cura e me sinto muito agradecida a esse Deus que nos amou independentemente de tudo. Meu relacionamento com minha filha está muito diferente de antes, de uma ótima maneira. Nós não dependemos uma da outra para consertar ou curar nossas feridas; deixamos que o Senhor o faça. Isso permitiu que nossa relação passasse da dependência para o respeito mútuo.

Soa clichê, mas há verdade na expressão 'Entregue para Deus'. Ainda estou aprendendo a fazer isso, claro! Não sei se sou uma mãe estressada ou não, mas posso ser uma mãe melhor porque não tento mais guiar uma conversa com o intuito de provar meu ponto de vista ou manipulá-la, e manipular meus filhos, para aquilo que considero a escolha certa. Tenho a liberdade de confiar que dei meu melhor na criação deles, sabendo que, apesar de ser tão jovem quando comecei (apenas dezessete anos), ainda lhes dei todo meu amor, estabilidade, disciplina e carinho, além de apontar o caminho para Jesus – o que eu não recebi enquanto crescia.

Sou muito abençoada e agradecida por Deus já saber minha história e a de meus filhos, por já ter 'caminhado' por onde eu estou caminhando, e pelo fato de que Ele – e apenas Ele – pode me confortar quando estou me afogando nesse mar de dor e incerteza. Todas as minhas preocupações não têm base! Na verdade, as preocupações atrapalham meu relacionamento de confiança com o querido Pai Celestial, e não quero mais viver dessa forma! Eu posso ouvi-Lo sussurrar: 'Tenha fé, confiem em Mim – Eu irei carregá-la por qualquer provação, pois você é Minha filha e eu a amo'."

Hoje, Cyndie maravilha-se com a completa restauração que Deus realizou no coração de sua filha. Deus, em Sua misericórdia e graça, resgatou-a de uma temporada vagando na escuridão. Chamo de temporada, pois foi realmente isso. Não podemos nos esquecer de que muitas vezes é apenas uma fase e é nesse tempo que temos a oportunidade de esperar em Deus e aprender a confiar Nele.

NOSSOS CORAÇÕES PARTIDOS

Enquanto entrevistava mães para este livro, descobri que uma das preocupações mais intensas delas em relação aos filhos é a condição espiritual. Tememos que nossos filhos deem as costas para a fé e para tudo que lhes foi ensinado, levando tropeços desnecessários durante a vida.

Essa situação não apenas é assustadora, como também nos faz sentir desamparadas.

Muitas das mães que entrevistei para este livro são mulheres fortes na fé. Elas criaram os filhos para irem à igreja, acreditarem na Bíblia e amarem a Jesus. Entretanto, alguns desses jovens escolheram caminhos diferentes. Algumas dessas mães, como Cyndie, viram Deus direcionar esses jovens de volta ao Deus da própria juventude. Outras, no entanto, continuam a orar e a esperar por aquilo que elas sabem que o Pai está realizando na vida delas e na de seus filhos.

Barbara é uma dessas mães. Seu filho, agora com vinte anos, encontra-se em uma situação vulnerável, e tudo o que ela pode fazer por ele é orar.

"Meu filho teve uma forte educação na Palavra de Deus", disse Barbara. "Em certo momento, ele desejou ser um jovem pastor, porém desviou do caminho da Palavra e acabou envolvido com drogas, álcool e com a polícia. Passou pela reabilitação e agora tem seu primeiro trabalho estável."

Ainda assim, ele está diariamente no coração e nas orações dela.

"Minha inquietação com ele é quase sempre diária", confessou Barbara. "Minha primeira e principal preocupação é que ele encontre seu caminho de volta para o Deus que nunca o abandonou. Também espero e oro para que permaneça forte ao dizer *não* ao mundo que se esforça tanto em arrastá-lo de volta para o fundo do poço e que se veja como Deus o vê – aquele que foi criado para servi-Lo e glorificá-Lo."

E AQUELE VERSÍCULO?

Eu sei no que você está pensando agora. A Bíblia não promete que, se você criar uma criança no caminho certo, ela não irá afastar-se dele?

Muitas mães se agarram em Provérbios 22:6: "Instrua a criança segundo os objetivos que você tem para ela, e mesmo com o passar dos anos não se desviará deles", e reivindicam isso como uma promessa ou garantia de que, se criarem os filhos indo à igreja aos domingos ou ensinando-lhes os princípios bíblicos ainda jovens, seus filhos não darão as costas para sua fé. É importante, no entanto, entender que as Escrituras contêm promessas específicas, e também princípios gerais para a vida. Esse versículo em Provérbios é um princípio ou diretriz, como muitas das sábias palavras de Salomão, de que, "se você fizer isso, há chances de que outra coisa aconteça".

Conheço pais que iniciaram a criação dos filhos nos caminhos e na Palavra de Deus e jamais os viram recuar. É aí que confiamos no trabalho do Senhor na vida deles e acreditamos que Ele enxerga o que não enxergamos. É aí que confiamos que Deus usará o que fizemos para honrá-Lo e trabalhará pelo bem de suas vidas.

A expressão no versículo – "mesmo com o passar dos anos não se desviará deles" – pode significar que, quando *seu filho envelhecer*, ele reestabelecerá a fé de sua juventude. Mas também pode significar, mãe, que você não verá isso acontecer durante a sua vida, ou ainda a conversão de seu filho, ou filha, no leito de morte, ou o arrependimento e a recuperação da fé de sua infância apenas no final de sua vida. Isso certamente não é o que desejamos, mas, outra vez, há paz quando acreditamos na sabedoria, na bondade e no tempo de Deus para guiar nossas crianças com aquilo que damos a elas.

Em vez de me apoiar em Provérbios 22:6 como garantia de que meu filho ficará bem, encontrei maior fé em Hebreus 13:5, que lembra que Deus jamais nos deixará ou abandonará. Se nossos filhos se comprometeram sinceramente com Cristo em algum momento da vida, e houve uma evidência do Espírito Santo trabalhando neles, manifestando uma vida mudada, então há esperança de que não estejam verdadeiramente perdidos em termos de salvação, mas apenas, como ovelhas, desgarrados. Nesse caso, nossa segurança recai na promessa de Deus de nunca os deixar. Jesus disse em João 10:28: "[...] ninguém as poderá arrancar da minha mão". Além do mais, em Romanos 8:38-39 nos diz que nada será capaz de nos separar (ou nossas fiéis crianças) do amor de Deus. Esses sim são salva-vidas que valem a pena agarrar.

O que aprecio mais naqueles versículos é que, diferentemente de Provérbios 22:6, o peso da responsabilidade está em Deus, que mantém Sua promessa – não em nós e no quão bom ou ruim foi nosso trabalho na criação de nossos filhos.

Você sabe o que isso significa? Significa que, independentemente de nossos esforços ou preocupações, Deus é Aquele capaz de manter nossos filhos em Suas mãos ou voltar seus corações a Ele, de Sua própria maneira e em Seu tempo.

AS PREOCUPAÇÕES DE PEGGY

Peggy, na casa dos trinta anos e mãe de dois filhos, disse que se preocupa tanto com o relacionamento de seu filho com Deus, que se tornou uma revolta.

"Preocupei-me muito com meu filho quando ele estava distante de Deus e fazendo escolhas erradas. Enquanto esteve na Marinha, entrou em depressão e se tornou desertor. Conversamos muitas vezes por telefone, tentávamos encorajá-lo e orávamos por ele; além disso, havia uma garota cristã que o esperava. Finalmente, ele fez a coisa certa, entregou-se e começou a confiar nos desfechos de Deus. O Senhor trabalhou em sua vida. Ele voltou para casa e para a igreja. Deus mudara completamente sua vida. Minhas orações dirigiam-se para que meu filho se lembrasse de que pertencia a Deus, e voltasse para Ele. Orei para que nosso Pai o tirasse da depressão. Eu sabia que o Senhor tinha Suas mãos no meu filho e não o perderia. Foi um período difícil. Eu não estava sempre confiante, mas, quando estava, Deus me conferia paz."

Peggy se recorda de também colocar Filipenses 4:6 em sua vida: "não andem ansiosos por coisa alguma, mas pela oração e súplicas, e com ação de graças, apresentem seus pedidos a Deus" – e experimentar a paz de Deus.

QUANDO PARECE QUE DEUS NÃO ESTÁ PRESENTE

Se seu filho está levando um estilo de vida em que parece não ter conhecimento algum sobre Deus, você pode estar pensando que o Senhor o abandonou, assim como foi abandonado por ele. Ele, no entanto, não o deixou. Além disso, se você não tem certeza de que seu filho já conheceu e seguiu a Deus, fique certa de que Ele jamais *a* deixará. Algumas vezes, Ele realiza uma transformação em você enquanto se encontra concentrada nas orações pela revolta de seu filho.

Se você educou ou está educando seu filho pelos caminhos do Senhor, e essa criança está se tornando rebelde, conheço seu sofrimento. Há momentos em que você não verá solução para a rebeldia ou o vício dele, mas *terá* vislumbres dos cuidados e sussurros do amor do Senhor durante esse período, caso se mantiver sensível ao Seu Espírito, que lhe guiará em suas orações e ações.

Janice (nome fictício) tinha quatro filhos, dois deles deficientes. Além disso, ela havia perdido duas outras crianças. Era de sua natureza preocupar-se, mas, com o passar dos anos, ela aprendeu que podia confiar a seu Pai aquilo que não era capaz de controlar – como a perda de um filho e também a dor e o sofrimento por ter uma criança desobediente.

Eu a deixarei contar como Deus trabalhou no que parecia uma causa perdida.

"Nossa filha estava profundamente envolvida com drogas durante os anos no Ensino Médio, e também nos primeiros anos da faculdade. Fazia qualquer coisa para consegui-las. Em um determinado fim de semana, não conseguimos encontrá-la.

Estávamos prontos para ir à igreja, quando ambos falamos ao mesmo tempo: 'Vamos procurar por ela'. Viajamos pelas piores cidades, dirigindo rua por rua, até que avistamos seu carro.

Agradeci a Deus por nos direcionar até ela. No entanto, em qual daquelas casas, cujas portas e janelas estavam vedadas com tábuas de madeira, estava nossa filha? Cada um de nós se dirigiu para lados opostos da rua e batemos em muitas portas. Você consegue imaginar isso? Meu marido de terno e gravata, eu usando salto alto e pérolas. Onde estávamos com a cabeça? Nós devíamos ter trocado de roupa quando decidimos procurá-la em vez de ir à igreja, mas não o fizemos. Até isso era parte do plano de Deus.

Finalmente uma porta se abriu. Perguntei se minha filha estava lá ou se a mulher que me atendeu a conhecia.

Ela me olhou de cima a baixo e disse que eu não pertencia àquela parte da cidade, que atendera à porta apenas porque eu estava bem vestida e nenhum policial se vestiria daquela maneira. Confirmou ter visto minha filha e disse acreditar que ela estava 'por lá', apontando, então, para uma casa coberta por tábuas do outro lado da rua. Todas as janelas e portas encontravam-se vedadas.

Fomos até a tal casa e batemos em cada pedaço de madeira da fachada. Nada de resposta. Nossas mãos estavam doloridas e as juntas de meu marido sangravam. Tudo que nos restava era orar. Deixei um bilhete, encharcado de lágrimas, no para-brisa do carro de minha filha:

> Querida Squeaks,[32]
>
> Nós te amamos muito. Deus te ama mais ainda.
> Por favor, venha para casa.
> Com amor, Mamãe e Papai. Beijos e abraços.

Meu marido e eu choramos durante todo o caminho de volta para casa. Nossa aparência não combinava com aquele lugar e, além disso, nos sentíamos totalmente deslocados."

Ainda assim, Deus estava lá com aqueles pais arrasados – em cada batida que deram, pedaço por pedaço de madeira – e ouvira cada uma de suas súplicas, o que fez a filha deles as escutar também.

"Mais tarde, soubemos que nossas súplicas chamando seu nome na rua fizeram-na perceber que era amada. Embora totalmente drogada, ela estava alerta o bastante para ouvir seu nome e a nossa voz. Acredito que nosso Pai Celestial interveio e nos poupou de um terrível final."

---

32 Em inglês: "fujona" (N.T.).

Janice recorda-se de outro momento em que Deus a acordou à uma da manhã para orar por sua filha. Por causa disso, quando o telefone da casa tocou à uma e meia da manhã, ela estava acordada, orando.

"O policial queria saber por que eu não soava sonolenta. Eu lhe respondi que Deus havia me acordado para orar por minha filha. E então perguntei se ela estava bem. Novamente, ele notou minha calma quando perguntei e ouvi sua resposta. Meu Pai havia me preparado. No nosso caminho até a delegacia, ainda no início daquela escura madrugada, uma corça passou correndo na frente de nosso carro. Tudo o que eu podia pensar era: 'Como a corça anseia por águas correntes, a minha alma anseia por ti, ó Deus' (Sl 42:1). A canção daquele versículo das Escrituras trouxe conforto ao meu coração."

Janice viu aquele incidente como um pedido de Deus para que ela mantivesse os olhos e o coração fixados Nele.

"Quando chegamos à delegacia, eu estava aliviada por termos algum dinheiro para emergências guardado em casa. Levei tudo o que tínhamos e meu marido pegou o talão de cheques antes de sairmos. No entanto, delegacias aceitam apenas dinheiro, mas havia o necessário para levá-la para casa naquela noite."

Quando Janice não tinha mais esperanças de que a filha mudaria para melhor, colocou as esperanças em Deus e em quem Ele é. A mudança não ocorreu imediatamente, mas, com o passar do tempo, trouxe-a de volta à razão, para sua família e para Ele. Hoje, a jovem é casada, tem três filhos e é "uma mãe maravilhosa, que ama e serve ao Senhor, com muita alegria", disse Janice.

Eu pedi a muitas mães que compartilhassem o segredo de como manter a esperança diante de um filho desobediente, mesmo quando a situação parece perdida. As respostas foram iguais. Suas esperanças estão em Deus, e não em seus filhos; encontram-se na habilidade de Deus em colocar o coração de seus filhos no caminho de volta para casa.

NOSSA ESPERANÇA DURANTE AS DORES DE CABEÇA

Quem cria um filho para usar drogas? Ninguém. Quem imagina que o filho levará uma vida destrutiva? Nem eu e nem você. Ainda assim, nenhuma decisão ou ato de nosso filho será uma surpresa para Deus. A fim de tolerarmos as pequenas mentiras e as decisões tolas deles, assim como os perigosos atos de rebeldia, devemos estar firmemente fundamentadas na Palavra de Deus, em Seu caráter e no fato de que Ele pode nos guiar – e aos nossos filhos – por tudo isso em segurança.

BUSCANDO CONSOLO NA PALAVRA DE DEUS

Janice disse que seu único consolo durante o período de revolta da filha era orar por ela com as Escrituras. Isaías 49:16 lhe era especialmente encorajador: "Veja, eu gravei você nas palmas das minhas mãos; seus muros estão sempre diante de mim".

Aquele versículo profeticamente se refere aos pregos na mão de Jesus, e simboliza para nós o fato de Jesus conhecer pelo nome cada pessoa pela qual morreria; os pregos eram como um nome gravado em Suas mãos.

"Que conforto saber que o nome de minha filha estava gravado nas mãos de Jesus", disse Janice. "Ela aceitou o Senhor como seu Salvador quando ainda tinha apenas sete anos. No entanto, teve de lidar com tantas coisas que, aos catorze, tudo chegou ao ápice. Ela havia perdido uma irmã e os dois irmãos eram deficientes; além disso, sofria de artrite reumatoide juvenil. Seu espírito já sofrera o suficiente e sua mãe encontrava-se muito ocupada cuidado dos irmãos incapacitados para notar a dor dela. Ah, mas Deus é misericordioso e carregado de um amor infalível por nós."

Barbara, cujo filho fora desertor da Marinha, afirmou também ter encontrado conforto na Palavra de Deus, especialmente no versículo que fala sobre Seu caráter.

"A escritura que tenho orado por meu filho é o Salmo 139 – que paz em saber que Deus está lá com ele, na escuridão, na luz, acordando, indo dormir, saindo ou chegando."

Você já percebeu que, apenas com o Salmo 139, aprendemos que Deus é Aquele que:

- nos sonda e nos conhece (versículo 1);
- conhece cada uma de nossas ações e pensamentos (versículos 2,3);
- sabe o que iremos dizer, antes que digamos (versículo 4);
- nos segue em cada lugar a que vamos (versículos 8-12);
- nos criou e nos observou enquanto estávamos no ventre (versículos 13-15);
- escreveu nossa história em Seu livro antes mesmo de vivermos (versículo 16);
- pensa inúmeras vezes em nós (versículos 17,18);
- conhece nossas ansiedades (versículo 23);
- nos convence de nossas ofensas e nos guia pelo caminho certo (versículo 24).

Esse salmo nos relembra que Deus é mais intimamente ligado a nossos filhos do que nós jamais seremos e Ele monitora seu paradeiro quando nós não conseguimos fazê-lo. Considerando que Deus é capaz de realizar tudo isso, não há razão para preocupação, não é mesmo? Continue lembrando-se de quem Deus é. Destaque essas passagens, escreva-as em cartões e coloque-as em locais nos quais você consiga lê-las várias vezes ao dia. Diga as palavras em voz alta e seja confortada pela onisciência, onipotência e onipresença do caráter de Deus.

FIQUE ATENTA À VOZ DO ESPÍRITO

Janice disse que sentiria falta da voz guiadora de Deus se não tivesse permanecido em um estado contínuo de oração e intervenção por sua filha. Enquanto sofria por não saber onde ela estava, Deus continuava a tocar-lhe o coração mostrando-lhe como e quando devia orar, bem como para onde olhar. Nós podemos ficar conectados à voz do Espírito Santo ouvindo a Palavra de Deus diariamente e mantendo uma atitude de oração e confiança no auxílio Dele, a fim de que captemos as "dicas" que Ele nos der.

ENTREGUE-SE A ELE POR MEIO DO LOUVOR

Lisa recorda-se do dia em que estava no limite de sua paciência com seu filho mais velho, Dustin.

Enquanto o observava seguir por uma espiral descendente, ela aprendeu duas coisas: Deus é fiel e sua resposta a Ele precisava apenas de louvor.

"O vício de meu filho mais velho o levou ao limite, assim como a minhas emoções. Aquilo estava fora do meu controle e eu precisei entregá-lo a Deus. O desespero era esmagador e o inimigo queria que eu acreditasse que a morte seria a única cura, mas não para Deus. Entretanto, muito caos ainda se seguiria (um acidente de carro que o levou para o hospital, uma estada na reabilitação apenas para ter recaídas depois, e seu 'enlouquecimento' três dias antes de Deus interceder). E havia apenas uma coisa que o Senhor me chamava para fazer – louvar.

Eu não tinha palavras, apenas lágrimas. Meus medos queriam me paralisar e Deus desejava me libertar. Fui até uma palmeira no jardim da frente, onde me sentei e chorei. Apenas o Espírito Santo poderia interpretar o que eu orava em voz alta. A adoração começou a transbordar do fundo do meu coração e eu não queria parar, pois me senti muito segura ali. A presença de Deus estava comigo e Ele entendia tudo que eu sentia, tudo que fiz e tudo que continuaria a viver... Será que eu estava disposta a me render a tudo para que Deus fizesse um trabalho melhor? Eu queria que minha vontade e meu coração se alinhassem ao Dele.

Mesmo que as escolhas de meu filho o tirassem de mim, eu queria ser uma mulher que louva a Deus independentemente das circunstâncias". E Lisa continua seu relato: "O que Deus realizou na vida de Dustin foi incrível. Meu coração regozija-se de alegria e admiração toda vez que penso ou falo de meu filho. Ele agora leva uma vida responsável como um produtivo cidadão, marido e pai. O que Deus é capaz de fazer encontra-se muito além do que jamais podemos imaginar ou esperar. Deus tinha um plano para Dustin. Quando ele parou, em meio àquela loucura, e pediu um plano ao Senhor, não acho que tenha imaginado a tamanha nobreza que viria daquele pedido. Dustin ainda está recuperando o fôlego de tudo que Deus fez!"

Lisa alegra-se agora que a fase de revolta e vício mortal de Dustin é apenas uma história da libertação de Deus, e não da sua morte.

AME-OS EM CASA

Durante anos, critiquei, na frente de minha filha, jovens celebridades que iam pelo mau caminho, e infelizmente eu soava muito julgadora. Dana, que era apaixonada por uma dessas celebridades desde o começo de sua carreira, sempre respondia com mais compaixão dizendo: "Mamãe, ela apenas está muito confusa agora" ou "Mamãe, ela está apenas perdida". Acredito que Dana estava certa. Muitas dessas jovens celebridades cresceram e perderam-se pelo caminho, o que às vezes também acontece conosco.

Jesus disse que *todos* nós somos como ovelhas desgarradas. Nós "conferimos" outros pastos, vagamos por aí sem perceber que fomos longe demais, até olharmos em volta e percebermos que estamos perdidos, e que há lobos à espreita em arbustos, esperando para nos devorar. Então, queremos voltar para a segurança e a proteção do rebanho, mas o que esperará por nós em nosso retorno?

Em Lucas 15 (11-32), Jesus contou uma história que conhecemos como a parábola do filho pródigo. Pessoalmente, no entanto, acredito que esse não é um bom título para a história, por se tratar muito mais da compaixão de um pai. Nela, o filho caçula pede sua parte da herança da família antecipadamente (na cultura judaica, isso seria como dizer ao pai: "Eu gostaria que você estivesse morto"). Assim que o pai lhe deu sua parte da herança, ele partiu para um país distante e desperdiçou toda a riqueza com tolices. Acabou se tornando um trabalhador faminto, dormindo com porcos (o fundo do poço para um homem judeu).

Quando esse jovem homem retomou a razão, decidiu voltar para casa e oferecer seu trabalho de servente a fim de que assim, pelo menos, pudesse receber algumas refeições por dia. No entanto, o pai (que representa nosso Pai Celestial) daquele filho desobediente respondeu a revolta dele e a retribuiu da forma mais surpreendente possível:

1. ele observava a estrada – às vezes diariamente – esperando que o filho retornasse;
2. ele estava *repleto de compaixão* ao ver o filho, então correu para encontrá-lo, abraçou-o e o beijou;
3. ele *celebrou* o retorno de seu filho dando-lhe uma festa de rei.

Na verdade, esse pai desejava o retorno de seu filho rebelde, em vez de pensar: *espero que aquele garoto nunca mais ponha os pés aqui de novo*. Desse modo, quando viu o filho a distância, estava repleto de compaixão. Esse homem sábio reconheceu que o jovem – aproximando-se de cabeça baixa, envergonhado, sujo – já tinha sofrido as consequências de suas tolices. Já estava humilhado e pagara o preço por sua rebeldia. Naquele ponto, ele precisava desesperadamente de amor, então o pai deixou de lado o pudor, levantou seu manto e *correu* para encontrar o filho. Fico muito grata pelo fato de o pai não ter sido soberbo e pensado: *eu o deixarei se aproximar, desculpar-se e então decidirei como lidar com suas ações*. Em vez disso, o homem mal podia esperar para abraçar o rapaz e então, de modo ainda mais inesperado e fora do comum – sem se preocupar com o que a família e os vizinhos diriam –, deu uma *festa* em homenagem a seu filho!

Eu e você temos um Pai como esse. Um Pai que festeja o retorno do filho rebelde. Então, será que podemos ser *mães* assim? Que correm para encontrar o filho teimoso ao seu primeiro sinal de arrependimento? Que oferecem uma festa quando ele volta para casa? Alguns serão críticos e não entenderão (como o filho mais velho, que se ressentiu por todo aquele alvoroço que o irmão rebelde--arrependido recebia). Na história, culturalmente, algumas pessoas esperavam que o pai fosse preservar o orgulho e manter-se a distância, mas ele enxergava a situação pela perspectiva certa. Era seu filho. Era seu coração voltando para casa.

Minha oração é que, se algum dia seu filho rebelde voltar arrependido, você seja a mãe que deixa de lado o orgulho e festeja o retorno de seu filho. O céu também o fará.[33]

A HORA DE CONFIAR

Quando entregamos nossos filhos a Deus, podemos confiar que eles estarão em Suas mãos e Ele fará o trabalho necessário neles e em nós, para Sua glória. Podemos nos preocupar ou orar. Estressar-nos ou confiar. Ter insônia tentando controlar cada passo deles ou descansar Naquele que já está no controle, caso eles estejam aprontando, gostem ou não.

33 Em Lucas 15:10, Jesus diz: "Eu lhes digo que, da mesma forma, há alegria na presença dos anjos de Deus por um pecador que se arrepende".

COLOCANDO EM PRÁTICA: CONFIANDO SUAS VIDAS ESPIRITUAIS A DEUS

Aqui está como você pode entregar e confiar a Deus a vida espiritual de seus filhos.

PASSO 1: ORE PARA QUE SEUS FILHOS SAIBAM DISCERNIR A VOZ DE DEUS

Jamie, mãe de seis filhos, disse: "Eu sempre oro para que Deus fale alto com eles".

Nossos filhos escutarão nossa voz na própria mente e poderão tentar fazer com que ela se cale se seus corações estiverem endurecidos. Eles também ouvirão a voz de seus amigos e colegas, assim como a do inimigo, que espera desgarrá-los. Queremos que a voz de Deus – de Seu Espírito Santo – seja mais alta do que a de qualquer um.

Insira o nome de seu filho nesta oração e proclame-a sempre:

> Senhor, ajuda ____________ a escutar o que Tu dizes, e a apreciar Teus mandamentos. Guia os ouvidos de ______________ à sabedoria, e ajuda ______________ a se concentrar no discernimento (Pv 2:1,2). Instrui ______________ pelo caminho da sabedoria e guia ______________ pelas veredas retas (Pv 4:11).

PASSO 2: ORE PELA SABEDORIA DE SABER QUANDO FALAR OU QUANDO FICAR EM SILÊNCIO

Chegará um momento quando suas palavras cairão em ouvidos surdos, mas as de Deus não. Ore por sabedoria para que você saiba quando falar e quando calar para que *Deus* fale. Aqui está um modo de orar por isso:

> Senhor, Tua Palavra diz: "Se algum de vocês tem falta de sabedoria, peça-a a Deus, que a todos dá livremente, de boa vontade; e lhe será concedida" (Tg 1:5). Preciso de Tua forma de sabedoria para que eu saiba quando falar com ______________ e quando permanecer em silêncio. "Nenhuma palavra [sermão, crítica ou acusação] torpe saia da [minha] boca, mas apenas a que for útil para edificar [meu filho], conforme a necessidade, para que concedas graça aos que a ouvem" (Ef 4:29). Faz-me também "Pronta para ouvir, tardia para falar e tardia para irar-me, pois a [minha] ira não produz a justiça de Deus" (Tg 1:19,20).

PASSO 3: LOUVE A DEUS POR AQUILO QUE VOCÊ NÃO VÊ

A primeira epístola aos Tessalonicenses 5:16-18 fala claramente sobre o desejo de Deus para mim e para você, como mulheres, viúvas, mães e filhas de Deus: "Alegrem-se sempre. Orem continuamente. Deem graças em todas as circunstâncias, pois esta é a vontade de Deus para vocês em Cristo Jesus" (1Ts 5:16-18).

Não poderia ser dito de maneira mais simples:

Alegre-se – sempre;

Ore – continuamente;

Agradeça a Deus – em todas as circunstâncias, não apenas naquelas em que se sente confortável.

Diga (ou escreva no espaço a seguir) uma oração agradecendo a Deus algo na vida de seu filho que você normalmente não agradeceria. Faça isso para mostrar a confiança na obra que Deus tem realizado na vida de seu filho.

TORNANDO-SE UMA MÃE SEM ESTRESSE – NA COMUNIDADE

Para análise ou discussão: que aspecto da história do pai misericordioso mais impactou você?

1. Leia a história do filho pródigo em Lucas 15:11-32. Preencha a tabela abaixo com cada detalhe que puder encontrar na história.

Sinais da revolta do filho	Sinais da compaixão do pai

2. O que você pode aprender com a resposta do Pai quando:
a) há uma situação em sua vida na qual você sente que deve "retornar" ao seu Pai?

____

____

b) há uma situação na vida de seu filho na qual você precisa ser mais como seu Pai Celestial em sua resposta?

3. Leia Tiago 1:5-8 e responda às questões abaixo.

Quem pode pedir por sabedoria (versículo 5)?

Como foi dito para pedirmos por sabedoria (versículo 6)?

A quem Deus provê sabedoria (versículo 5-7)?

De que duas maneiras Deus confere Sua sabedoria (versículo 5)?

4. Independentemente de onde seu(s) filho(s) esteja(m) em espírito neste momento, insira seu(s) nome(s) nos espaços em branco e ore nessas Escrituras pela vida dele(s):

> Cria em ________________ um coração puro, ó Deus, e renova um firme espírito nele/nela (Sl 51:10). Embora Tu tenhas feito ________________ passar muitas e duras tribulações, Tu irás restaurar a vida de ________________ novamente, das profundezas da Terra Tu reerguerás ________________ de novo. Tu irás reforçar a honra de ________________ e mais uma vez o consolarás (Sl 71:20,21). Obrigada por Tuas Palavras, estou convencida de que nem a morte ou vida, nem anjos ou demônios, nem o presente ou o futuro, nenhum poder, ou altura, profundidade, ou qualquer coisa criada será capaz de separar ________________ do amor de Deus que está em Jesus Cristo nosso Senhor.

9º SEGREDO

Entregar a Deus sua tendência de resgatar

CAPÍTULO 9

GOSTARIA DE PODER FAZER MAIS

Mary se lembra de um de seus dias mais assustadores como mãe.

Sua filha mais velha, Annie, frequentava uma faculdade longe de casa e lutava contra a falta de esperança – a ponto de ter pensamentos suicidas. Isso levou Mary a se ajoelhar e orar.

"Durante seu primeiro semestre na faculdade, Annie caiu na espiral descendente da depressão", disse Mary. "Ela estava em outro estado, longe de casa, e era assustador ouvi-la dizer as palavras 'eu quero me matar'. Ainda sinto uma leve falta de ar quando penso na angústia e na desesperança que senti quando ela verbalizou isso para mim."

Mary e o marido, Ken, prontificaram-se a trazer Annie de volta para casa imediatamente, a fim de que ela continuasse a graduação em uma universidade próximo ao seu lar, mas a jovem estava irredutível sobre voltar para casa. Queria ficar na faculdade e resolver os problemas sozinha.

Então, seus pais entraram em contato com a faculdade para buscar ajuda, procuraram vários amigos próximos pedindo orações, e se comunicavam diariamente com Annie.

"Ken e eu podíamos conseguir aconselhamento profissional para saber como lidar com essa situação", disse Mary. No entanto, por confiarem que Deus cuidaria do coração de sua filha a quilômetros de distância, Ele interveio.

"Foi um ano difícil, mas Deus tirou Annie da depressão e a tornou forte. Ela se sobressaiu no segundo, terceiro e quarto anos da faculdade. Claramente, seu primeiro ano fora de casa foi um período longo para todos nós. Relembramos com muita gratidão dele."

NOSSA TENDÊNCIA DE RESGATAR

Não há nada mais debilitante para uma mãe do que sentir que não consegue fazer algo quando seus filhos estão vivenciando uma dor. Muitas das mães que entrevistei enquanto escrevia este livro me disseram que desejavam uma garantia de que os filhos jamais sofreriam em absoluto. Ainda assim, como você viu nos capítulos anteriores, Deus frequentemente permitirá situações de certo desconforto ou o "Por que isso?" na vida de nossos filhos a fim de que construam seu caráter e sua dependência Nele. Por meio do sofrimento, eles conhecem Deus de uma maneira mais profunda – como seu Socorro, Herói, Salvador e Aquele Que Faz Tudo Dar Certo.

Quantas mães se sentiram inúteis e desejaram fazer mais por seu filho quando ele estava...

- se contorcendo em dor psicológica;
- lidando silenciosamente com uma dor emocional;

- lutando contra um vício;
- sentindo falta de casa e elas não conseguiam chegar até ele;
- sendo tratado injustamente na escola ou no trabalho;
- doente e ela não podia curá-lo.

Nós somos mãe atentas em nos precipitarmos e resgatarmos. Queremos intervir, agarrar nossos filhos, enfiá-los em segurança debaixo de nossas asas de mãe ganso e voar com eles a um lugar de paz e conforto. No entanto, há momentos, algumas vezes quando eles ainda são pequenos, que Deus quer ser a Mãe Ganso. Ele quer ser o Pai-Protetor, o Socorro, o Herói. Sim, há uma razão pela qual Deus deixa nossos filhos passarem por situações em que não temos como ajudar. O Pai deseja lhes ensinar algo sobre Si mesmo, e nós não conseguimos fazê-lo apenas *falando* sobre Ele. Deus quer que nossos filhos *O experimentem* por conta própria e nós não podemos interferir. Há um motivo importante pelo qual o Senhor nos faz sentir impotentes como pais. Ele também quer nos ensinar algumas coisas sobre Si mesmo. Ele nos quer convencidos de que, sem muito esforço, poderá defender, proteger e cuidar de nossos filhos muito melhor que nós.

COMO MÃES EM MODO DE ESPERA

Minha amiga Chery me disse que ficar em "modo de espera" foi um período difícil – mas um tempo precioso para confiar em Deus – quando seu filho, Dustyn, conseguiu o primeiro emprego.

"Aos dezenove anos de idade, Dustyn se candidatou para um cargo de meio período numa loja de departamentos, onde se encaixaria bem por ser hiperativo e muito sociável. Esse cargo exigia diferentes tarefas físicas, mas ele acabou sendo contratado por outro departamento em período integral. O início foi estressante, pois ele não sabia nada sobre o novo setor para o qual fora contratado, mas estava confiante e disse:

– Eles disseram que vão me ensinar tudo o que preciso saber. Além disso, mamãe, Deus está no controle.

Sim, de fato Ele está, eu pensei.

Dustyn começou o trabalho como chefe interino enquanto a chefe regular estava de férias. Tudo ia bem na primeira semana e meia até que a chefe voltou a trabalhar, e ela era *horrível*. Dura e verbalmente abusiva com Dustin, acusava-o de não conseguir fazer nada certo. Ameaçava seu emprego constantemente e, quando não estava feliz com o trabalho dele, fazia-o voltar após o expediente para terminá-lo, muitas vezes por mais de duas horas. Eu o encorajei a conversar com o gerente da loja e discutir sobre o ambiente de trabalho ou registrar uma reclamação com o sindicato, mas a chefe o convenceu de que era muito próxima do gerente da loja e que, se ele sentisse que Dustyn queria causar qualquer problema, isso certamente lhe custaria o emprego. O jovem queria apenas deixar tudo nas mãos de Deus.

Então, nós oramos, oramos... e oramos um pouco mais (principalmente por uma chefe gentil, bom ambiente de trabalho, proteção de Deus e coragem para trabalhar diante do desafio). Quando eu ia apanhá-lo ou deixá-lo no trabalho ele estava sempre abalado. Sabia que 'apanharia' o dia inteiro e não queria ir. Antes e depois do trabalho, nós orávamos juntos dentro do carro. Ele dizia:

– Mãe, eu sei que estou vivendo isso por uma razão e que Deus está no controle. Ele está trabalhando em mim, mas é tão difícil.

Nosso filho repetia isso com frequência, então eu sabia que ele estava confiando em Deus e seguindo em frente. Era uma boa lição para mim, uma vez que eu continuava a cobri-lo de orações.

Como mãe de Dustyn, tive pensamentos *nada* cristãos sobre essa mulher que o assediava e precisei orar por isso também. Durante o período de três meses de experiência, ele passou a conhecer todos na loja e desenvolveu um bom relacionamento com os colegas. No final do tempo de experiência, a chefe realizou uma má avaliação sobre Dustyn e ele foi transferido para o cargo ao qual se candidatara, o que foi um rebaixamento. Ele me disse que iria dizer adeus a sua chefe e agradecer a ela tudo o que lhe ensinara, e completou:

– Deus iria gostar disso.

Essa foi outra boa lição para mim.

Fiquei impressionada. Quando Dustyn se despediu, ela disse:

– Que pena que você não foi satisfatório aqui.

Era possível ler a expressão 'vou mostrar para ela' em meu rosto. Meu filho me alcançou, conduziu-me pelos ombros e disse:

– Mãe, nós precisamos ao menos orar por ela. Minha ex-chefe deve ter vivido algo muito ruim para ser assim tão má.

Aí estava – outra boa lição para meu coração de mãe.

Já faz um ano que Dustyn está nesse trabalho. Ele se sobressaiu em seu cargo e é frequentemente requisitado por gerentes e caixas para algumas necessidades. Tem uma ótima base de clientes e um relacionamento saudável com os colegas. Quando vê sua antiga chefe, ele diz:

– Ela me desconcertou, eu a desconcertei de volta, e nós nos divertimos.

Deus nos amadureceu por meio dessa experiência mais do que as palavras podem definir. Ele me ensinou muito sobre confiar Nele – não para intervir e resgatar nosso filho, mas para voltar-me para Ele e deixar que meu filho seguisse seu caminho, superando as dificuldades pela oração e confiança em Deus. Mesmo que eu não pudesse imaginar na época, me sinto grata pela experiência. Sinto paz."

Chery disse ser capaz de sentir paz uma vez que ela praticou o Salmo 46:10: "Parem de lutar! Saibam que eu sou Deus! [...]".

NÃO SE APRESSE

É difícil permanecer parado quando nossas crianças estão sendo assediadas, tratadas injustamente ou sofrendo *bullying*. Porém, por mais que você queira resgatar, defender e salvar seus filhos, resista a esse impulso, pois, quanto mais velhos eles ficam, mais Deus quer que comecem a confiar Nele para socorrê-los. Então, deixe-O realizar aquilo que apenas Ele pode fazer bem melhor do que você.

Aqui estão algumas razões pelas quais você deve resistir ao impulso de intervir e, em vez disso, deixar Deus trabalhar.

DEUS SEMPRE TEM UM PLANO MELHOR

Apressar-se para resgatar seu filho pode, na verdade, interferir em um plano bem melhor elaborado por Deus. Ele frequentemente tem um plano de resgate melhor em mente e uma lição para você aprender nesse meio-tempo.

Judy sabe isso por experiência própria. Ela sentia-se frustrada por não conseguir ajudar seu filho, Jason, que escolhera honrar Deus e aparentemente fora penalizado por isso em uma situação no trabalho. Contudo, era exatamente aí que Deus queria que Judy estivesse, para que Ele mostrasse a Jason que é de Deus que vale a pena depender.

Jason, que tinha acabado o Ensino Médio havia pouco tempo, recebeu a oportunidade de tocar violão na banda gospel de sua igreja. Não era um convite para qualquer um e ele aceitou a posição e o privilégio com seriedade. Complementando os estudos semanais da Bíblia e a responsabilidade entre os outros membros da banda, Jason precisava estar disponível em certos fins de semana para tocar em eventos no sábado à noite e aos domingos de manhã. Então, para cumprir todas as obrigações referentes a esse trabalho pelo qual não era pago, ele pediu alguns fins de semana de folga a seu chefe.

O patrão passou a dificultar essas folgas nos fins de semana em que Jason precisava tocar violão na igreja. Então, ele educadamente pediu demissão do emprego e arrumou um outro que lhe dava fins de semana de folga.

"Entretanto, outro chefe do seu antigo trabalho, alguém cujo cargo era superior ao primeiro, perguntou a Jason:

– O que precisamos fazer para que você volte?

Meu filho explicou sua necessidade de ter folgas em alguns fins de semana, disse que não poderia voltar, e lhe agradeceu de qualquer forma. O resultado é que ele não apenas foi contratado novamente com *todos* os fins de semana de folga, como também recebeu um cargo *melhor* com um salário mais *alto*. Deus certamente abençoou Jason por manter seu comprometimento de colocá-Lo em primeiro lugar!", disse Judy.

Agora, olhando para trás, ela percebe que nunca houve motivo para preocupação ou para um socorro. Deus resolveu tudo de um jeito muito melhor do que ela e seu filho jamais poderiam esperar.

DEUS QUER AJUDAR NOSSAS CRIANÇAS A RESOLVEREM SOZINHAS

No início deste capítulo, dividi com vocês a luta de Annie contra a depressão e pensamentos suicidas. Hoje ela é bem casada e espera por uma missão, junto ao seu marido, no Corpo da Paz. O mais excitante de tudo isso é que ela agora tem a oportunidade de conversar com outras garotas que se encontram desesperadas e lutando contra pensamentos suicidas. As experiências que viveu – e seu aprendizado de como depender de Deus para atravessá-las – tornam possível para ela ajudar quem enfrenta lutas semelhantes. Isso parece um padrão neste livro, não é mesmo? Deus escolheu uma área da vida de um filho que preocupava uma mãe e a usou para desenvolver o caráter dessa criança, dando-lhe, em alguns casos, a chance de ajudar o próximo.

Por vezes, Deus quer ajudar nossas crianças a resolverem a situação por conta própria para que Ele torne esta escritura real em suas vidas.

> Bendito seja o Deus e Pai de nosso Senhor Jesus Cristo, Pai das misericórdias e Deus de toda consolação, <u>que nos consola em todas as nossas tribulações, para que, com a consolação que recebemos de Deus, possamos consolar os que estão passando por tribulações</u> (2Co 1:3,4 – <u>grifo da autora</u>).

Você pode perceber que, se Mary tivesse voado (literalmente) para resgatar sua filha da faculdade, levando-a de volta para casa, Annie poderia não ter adquirido a confiança e a experiência que lhe permitiram ajudar outras jovens?

DEUS QUER QUE NOSSOS FILHOS PEÇAM AJUDA A ELE

Às vezes, em nossa tentativa de resgatar, aconselhamos nossos filhos a se comprometer ou fazer o que é seguro, mas não necessariamente honrando a Deus. Dizemos coisas como:

"É melhor você não pedir folga aos domingos, pois pode perder seu emprego";

"É melhor você fazer o que sua professora diz, mesmo sendo contra sua própria crença, afinal não quer baixar suas notas";

"É melhor você não pedir isso já que não quer dar a impressão de que é preguiçosa ou egoísta".

Deus, porém, não é maior do que essas situações em que acreditamos ser necessário nos comprometer? Se Ele pode resgatar três jovens israelitas de uma fornalha ardente porque se recusaram a reverenciar um falso deus (Dn 3), se Ele pode resgatar um jovem homem da boca de leões famintos quando ele, também, recusou-se a reverenciar um falso deus (Dn 6), então Ele certamente pode ajudar nossos filhos em dilemas muito menores quando eles agirem com as próprias convicções.

Minha filha compreendeu isso recentemente quando começou a trabalhar para a Walt Disney Company no Disney California Adventure Park. Esse trabalho foi um sonho tornado realidade para ela. Ainda assim, no fundo de seu coração, ela gostaria de continuar a frequentar e a realizar obras da igreja com sua família.

O lema da empresa é "Nós trabalhamos para que o mundo possa brincar" e, por isso, os empregados (a Disney os chama de membros do elenco) devem trabalhar todos os fins de semana e feriados – nos dias de pico, em resorts.

O coração de Dana queria manter esse trabalho e ter os domingos de manhã de folga. Também gostaria muito de passar o domingo de Páscoa, o dia de Ação de Graças, a véspera e o dia de Natal com a família. Ter folga no Dia dos Pais e das Mães também seria bom, pensava ela, mas, como eles sempre caem aos domingos, certamente ela não devia sentir esperanças quanto a isso. Ainda assim, nós oramos. Com a aproximação de cada feriado, eu e meu marido pedíamos a Deus que intercedesse e permitisse que ela ficasse em casa ou na igreja nas datas importantes. E, então, ela começou a trabalhar já pedindo folga nas manhãs de domingo.

Dana, que era recém-contratada e não possuía nenhum cargo superior na empresa, conseguiu ter folga todos os *domingos de manhã* (e, às vezes, o dia inteiro). Além disso, solicitava dispensa em todos os feriados importantes conforme eles se aproximavam no calendário e, desde esse dia, conseguiu ser liberada em todos eles e nos dias que pediu. *Cada um deles.*

Jesus disse a seus seguidores: "Peçam, e lhes será dado; busquem, e encontrarão; batam, e a porta lhes será aberta. Pois todo o que pede, recebe; o que busca, encontra; e àquele que bate, a porta será aberta" (Mt 7:7,8).

Deus se satisfaz com os pedidos que dependem essencialmente da ajuda Dele. E quando nós, como mães, não estamos nos precipitando para resgatá-los, isso deixa nossas crianças sem alternativa a não ser buscá-Lo e esperar

Nele por socorro. É uma lição poderosa para eles, desde bem jovens, saber que Deus pode vir auxiliá-los. Isso desenvolve a fé e os ajuda a se tornarem pessoas que oram.

SABENDO QUANDO SE AFASTAR

Há momentos em que é difícil para nós, como mães, vermos nossos filhos em situações difíceis. Além disso, se tentamos interceder, acabamos interferindo em vez de nos afastar e permitir que Deus realize sua obra. Queremos estar lá por eles, e às vezes é árduo virar as costas. Escute as seguintes palavras de sabedoria de algumas mães que aprenderam que em alguns momentos é melhor se afastar.

DEIXE-OS CRESCEREM

Nancy, que no capítulo 5 precisou confiar a Deus sua filha adolescente quando ela começou a conviver com uma turma errada, entendeu recentemente que por fim chegou a hora de deixar sua garota, agora com vinte anos, crescer e ter as próprias responsabilidades.

"Ainda que minha filha esteja mais velha, preocupo-me que ela continue seguindo o caminho certo (indo à igreja, lendo a Bíblia, aprendendo a conhecer Deus), seja uma adulta responsável (pague as contas em dia, tenha uma alimentação saudável, vá a lugares em segurança) e faça as escolhas certas. Há alguns anos, aprendi que, depois de fazer tudo o que podia a fim de lhe dar as ferramentas necessárias para viver à maneira de Deus, tive de me afastar e confiar Nele. Preciso me certificar de que não estou tentando controlá-la, e, em vez disso, simplesmente a amar e estar presente por ela."

DEIXE QUE ELES SE LEMBREM DO QUE APRENDERAM

Uma mãe, cuja filha agora está na casa dos trinta, compartilhou o seguinte:

"Quando minha filha começou a fazer faculdade e passou a morar a seiscentos quilômetros de distância de casa, foi sua primeira vez longe e sozinha, sem nenhum familiar por perto.

A adaptação foi difícil, mas o Senhor continuava reforçando em meu coração: *confie no que ensinou a ela; confie no que ensinou a ela.* Minhas orações a respeito de minha filha mudaram. Em vez de orar apenas pela proteção dela e para que tivesse amigos devotos, eu dizia: 'Por favor, faça com que ela se lembre dos ensinamentos importantes quando for necessário'".

Se nós estamos constantemente presentes e dizendo a nossas crianças o que fazer, quando elas aprenderão a praticar o bom senso, a exercitar o julgamento certo e a mostrar discernimento? Deixe que elas se lembrem de tudo que aprenderam. Isso lhes fará bem.

DEIXE QUE ELES FRACASSEM E APRENDAM COM ISSO

Darlene, que criou três filhos, diz o seguinte sobre relaxar e deixar seus filhos fracassarem:

"Todos pensam que a época mais difícil é quando seus filhos são novos, mas, na verdade, a adolescência e os anos que se seguem são os mais difíceis, pois eles estão por conta própria, tomando as próprias decisões e fazendo suas escolhas – as quais podem afetar toda sua vida. A mãe se questiona: *será que os eduquei corretamente e eles seguirão meus ensinamentos?* Acredito que a situação mais complicada para mim foi deixar meu filho fracassar, deixar Deus cuidar dele e entender que eu não sou Deus e não posso consertar tudo.

Eu achei mais fácil relaxar com relação aos meus dois filhos mais velhos e confiá-los a Deus, mas, por alguma razão, não agi tão bem com meu caçula. Com ele, tem sido complicado e desafiador. Eu ou alguma outra pessoa sempre estávamos resolvendo seus problemas e tornando sua vida mais fácil. Deixar acontecer e permitir que ele chegasse ao fundo do poço foi minha atitude mais difícil e é uma jornada que ainda estou trilhando.

Para mim, perceber a diferença entre ajudar e facilitar é uma tarefa árdua. Ocupamos nosso tempo como mães preocupando-nos com as necessidades dos filhos, e então eles crescem e passamos a deixá-los alcançarem os próprios objetivos. Com meu caçula, fiquei paralisada. Esqueci-me de parar de ajudá-lo. Ele continuou passando por dificuldades financeiras e eu sempre o ajudava. Sentia que eu era a única pessoa capaz de cuidar dessa situação.

Até que, um dia, Deus deixou uma mensagem em meu coração dizendo que eu não era Ele e que meu filho não precisava de minha ajuda. Deixar meu filho livre e pedir ao Pai que fizesse o necessário em sua vida foi a decisão mais difícil que já tomei. Até hoje tenho que continuar orando para que Deus me impeça de socorrê-lo. Sei que o Senhor o ama mais do que eu, e que Ele sabe do que meu filho precisa".

Eu me identifico com esse conflito interno vivido por Darlene, e você? Nós amamos nossos filhos e gostamos de ser as salvadoras deles. Às vezes, no entanto, o melhor que podemos fazer – além de orar – é deixar que eles cheguem ao fundo do poço para que Deus os tire de lá. Precisamos orar por discernimento a fim de que saibamos quando é hora de recuar, ou quando (seguindo as indicações Dele) podemos iniciar o resgate.

QUANDO É HORA DE AGIR

Não quero encerrar este capítulo deixando implícito que tudo que se deve fazer é orar, quando há algo, de fato, que você pode fazer como mãe em certas situações.

Se a criança realmente precisa de ajuda e sentimos que Deus está nos dizendo que façamos mais além de orar, é aí que precisamos agir.

Brenda viveu isso recentemente quando sua filha, Hannah, formou-se na faculdade um semestre mais cedo e decidiu ser babá na Itália por três meses. Hannah tinha 21 anos e era bem viajada: fora a Londres com amigas, à Europa com a família e ao Nepal e à Índia com seu pai aos 13. Essa, no entanto, seria a primeira vez que ela voaria para outro país sozinha e ficaria com pessoas que não conhecia.

Assim que chegou, Hannah viu uma situação que não era nada do que lhe fora dito.

"Cheguei lá e não gostei nada", disse Hannah. "Eu não conseguia dormir. Além disso, estava sozinha numa casa no interior, incapaz de chegar à cidade por conta própria. As crianças eram desagradáveis e indisciplinadas. Eu vivia uma situação estressante e, após alguns dias, pensei: *não sei se isso vai melhorar.*"

Certo dia, Hannah estava se sentindo estressada e ligou para a mãe aos prantos.

"Eu estava completamente histérica", disse Hannah. "Mas chorava em silêncio", Brenda complementou. "Ela estava muito abalada, mas tentava se segurar. Era um ataque de pânico. Eu nunca a vira daquele jeito antes."

Alguns minutos após a ligação durante a qual Brenda tentou acalmar a filha, ela entendeu que a ansiedade de Hannah estava fora do comum para alguém tão independente. Sentiu em seu coração que havia algo errado. Brenda mandou uma mensagem à filha dizendo: "Você quer que eu vá até aí?". Ela esperava que a jovem respondesse: "Não, mãe. Eu ficarei bem. Vou resolver isso", mas, ao contrário, a resposta foi um ressonante "Sim!".

Às onze horas da manhã do dia seguinte, Brenda estava em um avião para a Itália. Sabendo que sua mãe estava chegando, Hannah dormiu por quatro horas naquela noite. Foi a primeira vez que dormira por tanto tempo durante os seis dias que estava lá.

Ao chegar, Brenda descobriu a péssima e opressiva situação que Hannah vivenciava. A jovem estava fechada dentro da casa o dia inteiro, pois as portas ficavam trancadas pelo lado de fora e não haviam lhe dado uma chave. Então, Brenda disse a sua filha:

– Vamos embora.

"Eu vim ajudá-la a se adaptar. Nunca imaginei que teria que levá-la de volta comigo", contou Brenda.

"Estou muito feliz por minha mãe ter vindo. Precisava que ela soubesse da minha situação e visse que eu não estava ficando louca. Eu não conseguiria apenas partir e me sentir bem com isso sem que minha mãe visse a realidade. Se ela não tivesse vindo, provavelmente teria continuado aqui, infeliz e presa", confessou Hannah.

A jovem disse que a ajuda da mãe para tirá-la daquela situação emocionalmente insalubre é algo pelo qual ela sempre agradecerá.

"Outros pais provavelmente diriam a seus filhos: 'Você pagou por uma passagem, se comprometeu, está em dívida com essa pessoa, então deve continuar aí'. Mas minha mãe me ajudou a ver por outro ângulo", disse Hannah. "Ela me falou: 'Você é uma adulta. Está infeliz. Não sabia que enfrentaria isso, pois foi mal informada de várias maneiras e não deve nada a essas pessoas. Por sua saúde e bem-estar, precisa ir embora'.

Ela me resgatou de uma situação péssima. Eu sabia que sempre poderia contar com minha mãe, e esse foi o momento em que eu mais precisei do apoio dela."

SEJA FORTE, MAS SUAVE

Haverá momentos em que seu filho vai precisar saber que você está lá por ele, independentemente do preço (e foi uma viagem bem cara para Brenda fazer com urgência). Brenda disse: "Tenho a crença de que às vezes tudo que precisamos é de um lugar macio para descansar. Nós aprendemos com isso. Eu não disse: 'Espero que você aprenda sua lição' ou dei a ela um sermão sobre aquilo".

Você e eu precisamos orar por discernimento para saber quando recuar e quando estar disponível.

UM PLANO PARA SUBSTITUIR A PREOCUPAÇÃO

Em todos os momentos que não poderá socorrer seu filho, você vai precisar de um plano que a ajude a substituir a preocupação e a ansiedade pela paz de Deus. Aqui vão algumas maneiras práticas de fazer isso.

1. SUBSTITUA SEU MEDO POR CONFIANÇA EM DEUS

Quando Annie lutou contra os pensamentos suicidas, Mary entendeu que precisava substituir o medo pela confiança em Deus.

"Quebrar o círculo daqueles pensamentos temerosos e substituí-los por confiança em Deus é uma constante disciplina de oração", disse ela.

Tememos que nosso filho esteja por conta própria, mas Deus já revelou a verdade: "[...] Nunca o deixarei, nunca o abandonarei" (Hb 13:5). Isso serve para você e também para seu filho.

Tememos que o pior aconteça com nossos filhos, mas Deus disse: "Porque sou eu que conheço os planos que tenho para vocês [...] planos de fazê-los prosperar e não de lhes causar dano, planos de dar-lhes esperança e um futuro" (Jr 29:11). Isso também serve para seus filhos.

2. CONFIE NAS PROMESSAS DE DEUS

Uma vez que conhecemos a verdade da Palavra de Deus, podemos confiar nela durante os tempos de incerteza, ou quando sentimos que podemos fazer algo, mas, na realidade, não podemos. Ao final deste capítulo, listei algumas passagens da Escritura nas quais as mães podem se apoiar quando não forem capazes de socorrer os filhos. Você poderá se apoiar nesses versos e também refletir sobre eles.

3. CONVOQUE OUTRAS MÃES PARA ORAR

Mary disse: "Fazer parte de um grupo de orações para mães me fortaleceu de fora para dentro e me ligou a outras mães, que passei a conhecer, amar e apreciar. As poderosas orações delas por minha filha me encorajavam. Também era um privilégio conhecer suas crianças por meio da oração e das bênçãos concedidas, por meio de orações que realizamos juntas durante todos os anos que se seguiram". (No capítulo 1, estão listados alguns grupos de mães. Ou você pode encontrar outra mãe e convidá-la a se comprometer a orar com você por suas crianças semanalmente.)

DEUS VAI RESOLVER

Deus tem a situação de seu filho sob controle, acredite ou não, quer você reconheça ou não, quer você faça algo ou não. Então, não será melhor acreditar Naquele capaz de resolver os detalhes da vida de seu filho muito melhor do que você?

Judy agora está convencida disso em virtude da forma com que Deus trabalhou na vida de Jason. Dana, Hugh e eu estamos convencidos disso pela forma com que Ele atuou na questão do emprego de Dana. Mary e Ken O viram realizar feitos incríveis na vida de Annie. E você também pode se convencer da habilidade Dele de resgatar, de socorrer. Tudo começa no pedido; então, chega a hora de confiar em Deus.

COLOCANDO EM PRÁTICA

Aqui estão alguns versículos com os quais você pode começar a orar agora em vez de ser capaz de resgatar seu filho de uma atual ou futura situação. Eles lhe proporcionarão a paz de que você precisa nos momentos em que não pode ajudar:

Senhor, Tu dizes que lutarás por ____________; eu devo apenas acalmar-me (Êx 14:14). Luta por ______________ nas situações que o Senhor sabe que ele/ela precisa de Ti. Sê a rocha de refúgio de ________________; para onde ele/ela sempre possa ir; dá a ordem para salvar ________________, para que ele/ela seja Tua rocha e fortaleza. Livra ________________, ó, meu Deus, das mãos do ímpio, das garras dos perversos e cruéis (Sl 71:3-4). Quando ________________ atravessar as águas, elas não o/a encobrirão. Quando ________________ andar pelo fogo, ele/ela não se queimará. As chamas não deixarão ______________ em brasa (Is 43:2). Obrigada por Tuas Palavras que dizem que nenhuma arma forjada contra ______________ prevalecerá. Esta é a herança dos servos do Senhor, e esta é sua defesa (Is 54:17). Finalmente, Tuas Palavras dizem que ______________ pode tudo no Cristo que o/a fortalece (Fp 4:13). Fortalece ______________ em Teu nome. Amém.

TORNANDO-SE UMA MÃE SEM ESTRESSE – NA COMUNIDADE

Para análise ou discussão: descreva um momento em que você não pôde ajudar seu filho com algo, mas Deus resolveu a situação.

1. O que é mais desafiador para você agora e por quê?

a) Deixar seus filhos crescerem.
b) Deixar que eles se lembrem dos seus ensinamentos.
c) Deixar que eles fracassem e aprendam com isso.

____

____

2. De qual maneira você pode praticar cada um dos seguintes passos no plano para substituir sua preocupação?

a) Substituir seu medo por confiança em Deus.
b) Confiar nas promessas de Deus.
c) Convocar outras mães para orar.

____

____

3. Para confiar nas promessas de Deus, leia cada um dos versículos a seguir e descreva sua "ajuda" ou conforto.

ÊXODO 14:14

SALMOS 121:1,3

SALMOS 91:1,2

SALMOS 18:6

ISAÍAS 12:2

ISAÍAS 40:29-31

ROMANOS 8:31

10º SEGREDO
Confiar o futuro deles a Deus

CAPÍTULO 10

O QUE VOCÊ QUER FAZER DA SUA VIDA?

Certa manhã, não faz muito tempo, eu estava orando – e tentando não me preocupar – pelo futuro de minha filha.

Escrevi isto no meu diário, como uma forma de dialogar com Deus:

> Faltam trinta dias para Dana concluir o trabalho no programa de estágios da Disney e ter que se mudar dos alojamentos. Por continuar trabalhando para a empresa, ela precisará achar uma casa naquela região. Mesmo sem a garantia de que trabalhará período integral e de quanto será seu salário líquido, ela está tentando descobrir se conseguirá pagar o aluguel e seus gastos.
> Além dessas incertezas, Dana está procurando por casas numa região extremamente cara do país. São muitas variáveis e muitas orações. Eu gostaria

que soubesse de todas as opções. Mas é claro que o Senhor já conhece Seus planos para ela.

Deus, por favor, destaque-a diante de seu supervisor para que ela possa trabalhar período integral, ganhar dinheiro suficiente para viver próximo ao trabalho e, por favor, ajude-a a encontrar um local seguro e barato para viver.

Senhor, por favor, pode dar a ela um colega de quarto para que divida os custos? E não apenas qualquer colega, mas alguém que ela conheça e em quem confie? Que tal alguém que também O conheça e confie em Você?

Deus, por favor, ajude-a a confiar e orar ao Senhor por tudo isso, tanto quanto eu!

E então me ocorreu que, quando eu tinha a idade de Dana, foram situações assim que construíram minha confiança em meu Salvador. Elas me ensinaram a orar, a ter fé e a observar Deus agir por mim na hora certa.

Eram situações como essa que me ajudaram a ter o domínio da minha fé.

Isso é o que eu mais desejo para minha filha. Mais do que uma carreira satisfatória, um homem de Deus com quem ela possa se casar ou até sucesso e independência financeira. O que eu mais quero para ela é que amadureça em sua fé e na dependência do Senhor.

Tenho certeza de que isso é o que você quer para seu filho ou filhos também.

Situações que em geral causam preocupações às mães são justamente aquelas que Deus usa para amadurecer Seus filhos – em especial quando se trata do futuro deles.

Então, irei esperar e orar. E, enquanto o faço, vou confiar que Deus fortalecerá a fé que Dana tem Nele. Irei também relaxar – como se Ele já tivesse resolvido tudo, o que, com certeza, já fez.

Eu orei Jeremias 29:11 para Dana naquele dia, colocando o nome dela na seguinte passagem:

> Tu conheces os planos que tem para Dana, planos de fazê-la prosperar e não lhe causar dano, planos de dar-lhe esperança e um futuro. Então Dana clamará por Ti, virá orar por Ti, e Tu a ouviras. Ela O procurará e O achará quando procurar de todo o coração (veja os versículos 12-13).

E então eu compreendi.

Deus colocou minha filha em um momento de incertezas para dar continuidade a Sua obra em nossas vidas. Ele quer torná-la dependente Dele, quer que ela fique de joelhos, desesperada, dependente e clamando por Ele. Oh, que maravilha é o Senhor desejar que ela passe por tudo isso. Eu não roubarei esse prazer dela tentando resolver as situações e nem desviarei sua chance de experimentar a Deus por si mesma.

Minha oração então passou a ser:

> Senhor, ajuda-me a silenciosamente confiar em Ti e no Teu trabalho na vida de minha filha. Ajuda-me a encorajá-la na fé nos momentos certos, e faze com que eu seja seu apoio quando ela precisar. Não me deixa tomar Teu lugar ou interromper o que Tu queres para a vida dela.

Depois de realizar essa oração, eu me senti confortável para ler estas palavras devocionais naquela mesma manhã: “Você anda perguntando para Deus o que Ele fará?

Ele nunca lhe dirá. Deus nunca lhe diz o que vai fazer – Ele revela a você quem Ele é".[34]

A REVELAÇÃO DE DEUS SOBRE ELE MESMO

Não é essa a primeira razão pela qual nós nos preocupamos desde o início? Queremos saber *o que* Deus fará e também *quando* e *como*. Desejamos que Ele nos mostre Seu plano para que possamos dar nossa opinião. Imaginamos todos os cenários possíveis em nossa mente e ainda Lhe damos ideias do que deve fazer. Em todo esse tempo, no entanto, o Senhor apenas quer nos revelar quem Ele é – Aquele que tem o futuro em Suas mãos.

Deus me quer convencida de que Ele guiará Dana para sua esperança e futuro. Ele quer lhe revelar que tem planos muito melhores para seu filho do que os seus. Ele quer que nós o experimentemos como o *Deus que sempre resolve tudo*.

NOSSAS ESPERANÇAS POR ELES

Tenho certeza de que você tem grandes esperanças para o futuro de seus filhos. Deseja que eles conquistem muito mais do que você conseguiu na vida. Observou que seu filho tem o espírito gentil e espera que ele se torne um pastor, ou notou o coração de sua filha voltado para crianças e deseja que ela seja uma amada professora ou uma esposa e mãe feliz.

Sabendo que você pensa muito sobre o que o futuro de seus filhos reserva, especialmente em se tratando do

---

34 CHAMBERS, Oswald. *My utmost for His highest: An updated edition in today's language* [Editado por James Reimann]. Grand Rapids, MI. Discovery House. 2 de agosto. (CHAMBERS, Oswald. *Tudo para Ele*. Belo Horizonte: Editora Betânia, 1988.)

aspecto profissional, quero desafiá-la a levar em consideração o que o coração de seus filhos diz quando se trata do próprio futuro. A escolha da carreira que farão na vida diz respeito apenas ao aqui e agora na Terra, e pode mudar muitas vezes até que encontrem o que realmente se encaixa. Ainda assim, o que escolherem fazer, usando o coração, será para a eternidade.

Quando agarramos esta verdade – de que o desejo e direcionamento de seu coração e a obediência a Deus é mais importante do que qualquer coisa –, somos mais facilmente capazes de confiar o futuro de nosso filho a Deus.

Suponho que uma mãe tradicional, quer seja uma seguidora de Cristo ou não, diria que deseja ao filho uma "vida boa".

No entanto, o que seria isso realmente? Conforto? Prazer? Felicidade? Sucesso financeiro? Ser dono de uma casa grande cheia de objetos? Essas são buscas superficiais se pensarmos em termos de eternidade. Depois do que vi em grande parte da minha vida, temo que uma criança criada com muitos confortos e sem desafios será, na melhor das hipóteses, complacente e entediada e, na pior, mimada e egoísta.

E, se sua maior esperança para seu filho estiver centrada em ele ter uma experiência com Deus capaz de mudar inteiramente sua vida para que, aí então, sua existência seja servir ao Senhor e aos outros?

ACEITE A PRESSÃO

Oswald Chambers afirma: "Deus não nos dá uma vida de superação – Ele nos dá vida ao superarmos. A pressão da vida é o que constrói nossa força. Se não há pressão, não haverá força".[35]

35 Chambers, *Tudo para Ele*, editora Betânia, 2 de agosto.

Ironicamente, é a *pressão da vida* que desejamos evitar aos nossos filhos, ainda que essa pressão e as lutas façam parte da construção de seu caráter. Como aprendemos no capítulo 2, situações "perigosas" são com frequência aquelas que nos fazem, a nós e aos nossos filhos, depender intimamente Dele. E, como vimos no capítulo 3, as situações de "Por que isso?" constroem o caráter deles e lhes dão algo para testemunhar ao próximo.

Será que você consegue receber essa pressão, ou até mesmo o perigo, quando se trata do futuro de seus filhos, sabendo que Deus a coloca bem onde quer que ela esteja?

A RENDIÇÃO DE DAWN

Minha amiga Dawn Marie dividiu comigo seu momento de rendição, quando o filho enfrentou uma situação de vida ou morte.

"Meu filho mais jovem era atleta e estava no Ensino Médio na época em que desmaiou em um consultório médico. Meu marido e eu ficamos preocupados que ele tivesse um sério problema de coração que o levasse a uma morte precoce. Foi assustador esperar pelos resultados dos exames, mas o Senhor me assegurou de que ele estava a salvo em Seus braços até que chegasse a hora de ir para o céu. Fui capaz de relaxar na presença de Deus e de Seus verdadeiros cuidados."

Esse tipo de descanso vem apenas por meio de uma relação de confiança com Deus – uma vez que tenha sido cultivada e praticada. É o tipo de relacionamento em que você se rende à vontade do Pai, independentemente de como ela pode confrontar seus planos para seu filho. Isso requer que você aceite Sua sabedoria mesmo não sendo capaz de entendê-la.

Dawn Marie agora compreende que, na época, Deus a preparava para *uma vida* baseada em confiar a proteção de seu filho a Ele.

"Meu filho passou por outra situação assustadora quando jovem e o Senhor me deu a mesma segurança. Acredito que tudo isso tenha sido um ensaio geral para nossa situação atual", disse ela. "Hoje em dia, ele tem um trabalho de alto risco, e sua segurança *sempre* será um problema".

O DILEMA DE DARLENE

Deus também teve de trabalhar no coração de Darlene quando seu filho mais novo pediu a ela, dois anos atrás, que orasse a fim de que ele fosse aceito no Exército. Devido a uma doença no sangue e à remoção do baço, Darlene lhe disse: "Você não tem condições de ser aceito no Exército".

No entanto, era o desejo de seu filho, algo que ele sentiu que Deus lhe havia dado.

"Ele me disse:

– Mãe, eu realmente acredito que Deus está me chamando para me alistar. Por favor, ore por mim.

Nunca quis meu filho no Exército, especialmente com tudo que estava acontecendo no Oriente Médio. E me recusei a orar para ele ser aceito.

Meu filho do meio, porém, disse-me que era melhor estar em uma zona de guerra pela vontade de Deus, do que a salvo em casa contradizendo Sua vontade (detesto quando as coisas que ensinamos a nossos filhos são usadas contra nós). Então, eu orei e Deus me respondeu. O Exército não classificou seu problema de sangue como uma doença ou distúrbio e meu filho caçula agora se encontra na Guarda Nacional. Não posso dizer que estou em perfeita paz, mas sei que essa é a vontade do Senhor. Ainda oro por ele, para que Deus o direcione, e sei que tudo ficará bem, independentemente do que aconteça."

Termos a consciência de que nosso Pai é o engenheiro das circunstâncias da vida de nosso filho nos ajuda a confiar seu futuro a Ele.

PREPARANDO-OS PARA A VIDA

Enquanto nossas crianças crescem, precisamos escutar o coração delas quando nos revelam seus desejos e inclinações para o futuro. E, quando Deus deixa claro para onde estão sendo guiados, precisamos deixar nossos filhos irem, sofrerem, além de dar-lhes tempo.

ESCUTE SEUS CORAÇÕES

Angela, mãe de quatro filhos, lembra-se do dia em que ela e o marido tiveram a oportunidade de conversar com três de suas crianças sobre os planos delas para o futuro. Eles entenderam que, em certos momentos, Deus planta a semente de Sua vontade no coração das crianças enquanto elas ainda são jovens.

"Certa vez, nós levamos as crianças ao Houston Livestock Show and Rodeo"[36], disse Angela. "Na volta para casa, perguntei a cada um deles o que gostariam de ser quando crescessem.

Após deixá-los seguros de que eu e seu pai confiávamos neles e sabíamos que poderiam se tornar qualquer coisa que Deus colocasse no coração deles, deixamos cada

36 Evento em que há shows, exposições de gado e rodeios realizado em Houston, no estado do Texas (N.E.).

um ter sua vez de responder. Chelsie, nossa garota mais velha, respondeu primeiro e disse que decidira ser artista plástica, claramente influenciada pelas incríveis obras de arte que tinha visto no salão de exposições do show.

Levi, de três anos, logo soltou:

– Quero ser *peão de rodeio*!

Depois de sentir meu coração na boca como qualquer mãe sentiria, sorri e disse:

– Oh, nossa... isso seria empolgante! – Enquanto secretamente esperava que Deus colocasse outro sonho no coração dele... um que talvez envolvesse menos contato com um animal selvagem e furioso!

Em seguida, eu me virei para Bailey, pronta para uma resposta mais sensível, e ela disse:

– Quero ser jogadora de tênis.

Uma o quê? Rapidamente, tentei imaginar o que a inspirou a isso. Nós não jogávamos tênis, não assistíamos aos jogos na TV e jamais *falamos* sobre esse esporte! Então, eu a questionei em relação ao motivo dessa decisão. Ela sentou-se ereta, e com um brilho no olhar, declarou:

– Os trajes são *tão fofos*!

Todos nós soltamos gargalhadas junto com ela, concordando que os trajes de tênis são realmente adoráveis e que ela ficaria linda usando os últimos 'modelitos'.

E, quando me lembro desse momento especial, meu coração está pleno por saber que minha filha se encontra prestes a embarcar em uma incrível jornada como modelo internacional e que está se destacando, como no versículo que orei para meus filhos durante toda a vida deles:

> Vocês são a luz do mundo. Não se pode esconder uma cidade construída sobre um monte. E, também, ninguém acende uma candeia e a coloca debaixo de uma

> vasilha. Ao contrário, coloca-a no lugar apropriado, e assim ilumina a todos os que estão na casa. Assim brilhe a luz de vocês diante dos homens, para que vejam as suas boas obras e glorifiquem ao Pai de vocês, que está nos céus. (Mt 5:14-16)

DEIXE-OS IREM

Eu admiro a alegria de Angela sobre sua filha na "incrível jornada como modelo internacional". Às vezes, nós tememos o fato de nossos filhos embarcarem em profissões e campos laicos, pensando que eles estariam mais seguros dentro dos limites do "mundo cristão". Deus, no entanto, nunca nos chama para o "mundo cristão"; na verdade, isso não existe. Ele nos chama para sermos luzes na escuridão, onde quer que estejamos, e, se Ele está guiando seu filho até um ramo que parece perdido, obscuro ou destruído, é bem possível que saiba que sua criança será uma luz nessa escuridão.

Deixar seu filho ir também significa deixá-lo nas mãos de Deus – tanto psicológica como geograficamente.

Florence é uma importante líder no Exército da Salvação e é mãe de três filhos adultos. *Três* filhos que ela devia deixar – cada um em um estado diferente – quando era chegada a hora de se mudarem para realizar novas missões. Nesses momentos em que eles organizavam a mudança, partiam e deixavam uma criança para trás, ela aprendeu de primeira mão que Deus é verdadeiramente capaz de cuidar deles melhor do que ela.

Primeiro, eles precisaram deixar o filho mais velho no Alasca assim que concluiu o Ensino Médio, pois ele queria permanecer lá quando Florence foi transferida para Louisiana. Então, quando sua filha concluiu o Ensino Médio na

Louisiana, eles a deixaram lá, pois precisaram voltar para o Alasca. Finalmente, deixaram o filho caçula em Oregon quando tiveram de se mudar para Santa Rosa, Califórnia.

"Eles sobreviveram, eu preciso ser lembrada disso", disse Florence. "Deus é realmente bom." Cada um de seus filhos aprendeu, como jovens adultos, a viver por conta própria sem os pais por perto. Florence cita Josué 1:9, que foi um conforto para ela a cada separação de seus filhos, e continua sendo até hoje: "Não fui eu que ordenei a você? Seja forte e corajoso! Não se apavore nem desanime, pois o Senhor, o seu Deus, estará com você por onde você andar".

Florence sabe que o Senhor estará com seus filhos aonde quer que *eles* forem.

DEIXE QUE ELES SOFRAM PARA QUE CRESÇAM

Finalmente, precisamos deixar nossos filhos lutarem para que aprendam a depender de Deus por si mesmos.

Brenda, cuja história foi contada no capítulo anterior, disse: "Ainda que você não queira seus filhos passando por dificuldades, essas dificuldades são necessárias para construir o caráter e a fé deles. Mesmo sendo duro ver suas crianças passarem por certas experiências, o resultado será o crescimento delas. Vejo que os momentos em que mais me aproximei de Deus foram os tempos de sofrimento".

DISCERNINDO AS PORTAS ABERTAS

Quando nossos filhos saem de casa, eles inevitavelmente encontrarão inúmeras oportunidades de portas abertas. Como eles saberão que uma porta aberta lhes foi conferida por Deus ou é apenas uma distração ou um desvio de onde eles realmente querem estar? Talvez eles já saibam a resposta e seja você quem está tendo dificuldades para entender quando algo é de fato a vontade de Deus. Aqui vão algumas orientações que a ajudarão a viver em paz ou lhe fornecerão ferramentas para instruir seu filho quando for preciso determinar se é Deus quem está abrindo aquela porta.

1. A PORTA QUE DEUS ABRE NUNCA IRÁ CONTRADIZER SUA PALAVRA

Seu filho pode ver as oportunidades para ganhar mais dinheiro como uma porta aberta por Deus, mesmo que ela venha acompanhada com algum tipo de comprometimento (ir a um bar quando eles têm convicções pessoais contra bebidas alcoólicas, trabalhar aos domingos, sendo impedidos de frequentar ou servir a igreja regularmente, viver longe do cônjuge quando pode haver convites para a tentação e muito mais). Deus não colocará diante de Seu filho uma oportunidade que contradiga as claras instruções de Sua Palavra. Se uma porta aberta requer envolvimento ou que siga uma direção oposta às Escrituras para justificar a oportunidade, é provável que não seja Deus quem a está abrindo. Qualquer coisa que contradiga Sua Palavra é provavelmente um teste ou uma tentação.

2. A PORTA QUE DEUS ABRE VIRÁ ACOMPANHADA POR UMA CONFIRMAÇÃO

Em Mateus 18:15,16, Jesus estabelece instruções para confrontar o pecado entre os crentes:

> Se o seu irmão pecar contra você, vá e, a sós com ele, mostre-lhe o erro. Se ele o ouvir, você ganhou

seu irmão. Mas, se ele não o ouvir, leve consigo mais um ou dois outros, de modo que 'qualquer acusação seja confirmada pelo depoimento de duas ou três testemunhas.

Eu acredito que o mesmo se aplica quando se trata de Deus confirmar algo em Sua Palavra. Ele frequentemente confirmará ou estabelecerá uma questão diante de "duas ou três testemunhas", sejam versículos da Bíblia, conselhos de um pastor ou de uma pessoa respeitada que seja fundamentada nas Escrituras, ou ainda circunstâncias. Por meio da oração, da busca de conselhos divinos e de uma avaliação cuidadosa das circunstâncias, seu filho deverá ser capaz de dizer se aquela porta aberta (e suas confirmações) vem, de fato, de Deus.

3. A PORTA QUE DEUS ABRE EXIGIRÁ QUE VOCÊ DEPENDA DELE

Deus não nos dará algo para nos afastar Dele ou nos fazer acreditar que não precisamos mais Dele. Ele é um Deus do relacionamento e insiste em vir em primeiro lugar nas nossas vidas. Portanto, se seu filho disser: "Eu não posso fazer isso a não ser que Deus me preceda" ou "Eu posso fazer isso, mas apenas com a ajuda e a liderança de Deus", é provavelmente algo que Deus o está chamando a fazer.

Hebreus 11:6 proclama: "Sem fé é impossível agradar a Deus, pois quem dele se aproxima precisa crer que ele existe e que recompensa aqueles que o buscam". Muitas vezes, uma porta aberta por Deus é aquela que permite que nossa fé seja estendida e fortalecida. Isso, no final das contas, é o objetivo de Deus para Seu filho: fazer com que ele cresça na fé e na semelhança de Cristo.

Enquanto seus filhos seguem o caminho para o futuro, certifique-se de não ser uma mãe que os sufoca demais, preocupa-se muito ou faz com que eles se sintam culpados por deixá-la. Aí vão algumas maneiras para que você os ajude a andar pelo próprio caminho com confiança.

1. CONSTRUA A PRÓPRIA VIDA – Brenda, que ajudou a filha Hannah a sair de uma situação complicada na Itália (veja o capítulo 9), disse que algumas mães passam a vida obcecadas pelos filhos e com uma clara necessidade de estarem presentes em tudo.

"Se você *precisa* de seus filhos em volta, comece fazendo coisas para reforçar sua confiança, tornando-a um exemplo para eles e deixando-os encontrar o próprio caminho. Muitas mães matriculam as crianças em esportes, aulas de piano, dança e muito mais para construir a confiança delas, mas essas mães deveriam estar exibindo a mesma confiança também."

A filha de Brenda, Hannah, disse: "Muitas mães dependem de seus filhos para um propósito ou para serem seus companheiros e, então, quando eles saem de casa, elas sentem que estão sozinhas e a vida perde o sentido. Elas podem se tornar obsessivas tentando segurá-los".

2. SEJA UM EXEMPLO – Cheryl, que transformou seis crianças em adultos responsáveis, aconselha: "Afaste-se como mãe, pense sobre o que você quer que seu filho seja e siga em frente. Eu estava determinada a não ser uma mãe egoísta, então procurei Deus para aprender a viver minha vida para Ele, não para mim. Eu passava regularmente um bom tempo na Palavra de Deus a fim de me manter firme e saber que eu não era Ele. Quando sentia o Espírito me motivando a ajudar outra pessoa, eu o fazia – fosse me importando com o filho do próximo, levando uma refeição ou orando por alguém. Não era sempre conveniente ou fácil, mas eu era habilitada pela graça de Deus. Meus filhos se lembram de me ver preparando refeições para os outros, liderando pequenos grupos, ajudando na enfermaria da igreja e emprestando meu veículo regularmente a uma família de baixa renda que precisava de um carro para realizar suas tarefas. Hoje me sinto abençoada ao ouvir como meus filhos estão levantando essa bandeira de ajudar, não porque eu pregava sobre isso, mas porque servi de exemplo.

Também foi importante para mim mostrar aos meus filhos o que eu esperava deles. Precisei assumir quando estava errada, confessar meus erros e pedir-lhes perdão".

3. SEJA FORTE POR ELES – Finalmente, nós precisamos ser mães que não se descontrolam, preocupam-se excessivamente ou tornam-se pessoas que afligem os filhos pelo modo com que lidam – ou mal lidam – com as situações. Seja forte para que seus filhos continuem dividindo com você como poderá orar por eles. Queremos nossos filhos sempre ligando para casa e dizendo: "Ore por mim", em vez de dizendo a alguém: "Não conte para minha mãe, ela não vai conseguir lidar com isso".

ENTREGANDO-OS NAS MÃOS DE DEUS

Como pais devotos, nosso trabalho é ajudar nossos filhos a se tornarem menos dependentes de nós e mais dependentes de Deus, e, para que aprendam isso, devemos libertá-los.

Brenda me contou como ela finalmente foi capaz de deixar que seus filhos se fossem para construírem a própria vida: "A época de amadurecimento mais importante para mim como mãe ocorreu quando meus filhos foram para a faculdade. Eu entendia que eles eram de Deus, mas, quando partiram, tive que entregá-los *realmente* ao Senhor. Passei por um longo processo de deixar de controlá-los. Foi uma fase de rendição".

Como exatamente ela fez isso? "Seguramos as coisas com mãos firmes", disse ela. "Para mim, rendição envolve abrir minhas mãos e dizer: 'Eles são Teus, Senhor'. Nunca tive o controle, mas *pensava* ter. Eu estava psicológica e verbalmente os entregando a Deus – 'Tu estás no controle e eu não posso mais fazer isso. Eu os entrego a Ti, mesmo que seja difícil para mim. Peço-Te que os tome e fique com eles'".

Assim como nos render a Cristo é algo que fazemos todos os dias, render nossas crianças a Ele também deve ser feito diariamente.

Agora, quando os filhos de Brenda discutem sobre o futuro com ela, como a recente decisão de seu filho de partir para o exterior e trabalhar como ministro, este é o processo que ela vive:

"Converso com Deus sobre aquilo e reflito bastante. Pergunto outras coisas aos meus filhos para entender melhor a situação e, então, converso com Deus um pouco mais. É sempre um processo – um diálogo com Deus em que Ele começa a me dar paz quando Lhe apresento a situação. Oro para que Deus dê a meus filhos orientações em suas novas situações e que abra os olhos deles para o que eu não posso.

Finalmente devo me lembrar de que entreguei essas crianças a Deus. Elas são Dele e, se Ele chamá-las para fazer algo que acho perigoso, quem sou eu para discutir? Se Ele os está chamando, Ele cuidará".

CONFIANÇA COMO ESTILO DE VIDA

Meu coração pesa ao encerrar este livro, especialmente este capítulo sobre confiar a Deus o futuro de nossos filhos. Acredito não ter sido coincidência o fato de eu ficar sabendo há poucos dias que um amigo do Ensino Médio e sua esposa perderam a filha de dezesseis anos em um trágico acidente de carro. Ela estava dirigindo para casa após o treino de vôlei e, aparentemente, ao virar o volante, o carro saiu da estrada e foi atingido por um caminhão. A jovem chegou a ser levada para um hospital regional de helicóptero, mas faleceu algumas horas depois.

A garota era muito envolvida com seu grupo de amigos e considerada um exemplo de aluna pelos professores, treinadores e colegas. E precisou partir muito antes do que achavam ser sua hora.

Como um pai lida com algo assim? Se um filho acaba tendo um câncer e morrendo lentamente, há a oportunidade de a família dar um progressivo adeus e viver uma conclusão. No entanto, nesse caso, uma filha que estava cheia de vida, energia e promessas em um momento se fora no outro.

Não há padrões ou fórmulas para garantir que nossos filhos serão poupados de qualquer sofrimento ou, ainda pior, de uma morte prematura. Não há promessas nas Escrituras, segundo as quais, se nós fizermos todas as tarefas designadas aos pais (o que estou certa de que meus amigos fizeram), veremos nossas crianças viverem até alcançar a velhice, aproveitando os filhos e netos. Há apenas a profunda garantia em nossos corações de que Deus sabe o que está fazendo. Ele é verdadeiramente bom e numerou cada dia de nossos filhos antes mesmo de eles existirem. Deus é Aquele que buscará nossas crianças no exato momento em que Ele mesmo decidiu – muito antes de entregá-las para nós.

Para muitos de nós, é preciso uma vida inteira para deixar um último impacto nesta Terra. No caso dessa jovem garota, entretanto, foram poucos anos. E, com sua morte e funeral, ela deixou o legado de amor ao Senhor, viveu plenamente e O glorificou até mesmo em morte.

Em se tratando de eternidade, que Deus observa sozinho, alguns de nós causam um impacto maior neste planeta em muito menos tempo. Quem somos nós para questionar o Criador ou Seu propósito e a linha cronológica de cada coisa que Ele cria? Se fez uma linda rosa para florescer apenas por um curto período e nunca mais ser vista de novo, isso é certamente Sua prerrogativa.

Enquanto refletia sobre essa questão, fui confortada por estas palavras de A.W. Tozer:

> Para o filho de Deus, não existe tal coisa como um acidente. Ele viaja por um caminho específico. A trilha em que pisa foi escolhida quando ele ainda não era, quando ainda não tinha existência, apenas na mente de Deus.
>
> Acidentes podem, de fato, parecer cair sobre ele e a desgraça perseguir seu caminho; mas esses males serão tão somente aparentes, unicamente porque não podemos ler o roteiro secreto da providência velada de Deus e nem será possível descobrir Seu objetivo final...
>
> O homem cuja fé é verdadeira pode viver na certeza absoluta de que seus passos são ordenados pelo Senhor. Para ele, o infortúnio está fora do limite

> do possível. Ele não pode ser arrancado dessa terra uma hora antes do tempo que Deus estabeleceu, e não pode ser mantido nela um segundo depois que Deus tenha encerrado sua obra com ele aqui. Ele não é um pária do mundo inteiro, um enjeitado no tempo e no espaço, mas um santo do Senhor e querido de Seus cuidados particulares.[37]

Nós – e nossas crianças – somos queridos dos cuidados particulares de Deus. Por isso, quando meu coração está triste em virtude da dor que sequer consigo imaginar pela qual meus amigos estão passando hoje, há esperança na bondade e na misericórdia de Deus – portanto, ainda que não saibamos o que Ele está fazendo, temos certeza de que podemos confiar.

Asseguro, mais uma vez, que nada pega Deus de surpresa e que nenhum momento que vivemos com nossos filhos é perdido quando são dedicados ao Senhor, dizendo:

> Deus, esse dia é Teu. Minha vida é Tua e meus filhos são Teus. Seja Deus em todas as nossas situações. Guia-nos pelo caminho que *Tu* escolheste para nós e não nos deixe reclamar se não o compreendemos. Não há melhor lugar para estar do que na palma de Tuas mãos tão capazes.

Você pode realizar essa oração? Ao orar, verá que Deus substituirá suas preocupações pela paz Dele enquanto a acompanha carinhosamente pelos dias que virão.

---

37 TOZER, A. W. *We Travel an Appointed Way*. Camp Hill, PA: Wingspread Publications, 2010. p. 3-4.

COLOCANDO EM PRÁTICA: UMA ORAÇÃO PELO FUTURO DE MEU FILHO

Novamente, insira o nome de seu filho nos espaços em branco e ore pelo futuro dele.

> Senhor Deus, Teus olhos viram o meu embrião; todos os dias determinados para ____________ foram escritos no Teu livro antes de qualquer deles existir. Ajuda-me a confiar em Tua sabedoria em ordená-los (Sl 139:16). Por favor, toca no coração de ____________ para buscar-Te de todo o coração; não permitas que ____________ desvie dos Teus mandamentos (Sl 119:10). Que ____________ confie no Senhor de todo o seu coração e não se apoie no próprio entendimento; que ____________ reconheça o Senhor em todos os seus caminhos, e Tu irás endireitar as suas veredas (Pv 3:5-6). Senhor, que Tu concedas a ____________ os desejos de seu coração e faça seu plano suceder (Sl 20:4).
>
> Finalmente, ajuda que nunca falte o zelo a ____________, que seja fervoroso/fervorosa no espírito, servindo ao Senhor (Rm 12:11). Eu oro para que ____________ viva de maneira digna do Senhor e em tudo possa agradar-Te, frutificando em toda boa obra, crescendo no conhecimento de Deus e sendo fortalecido com todo o poder, de acordo com a força da Tua glória (Cl 1:10,11).

TORNANDO-SE UMA MÃE SEM ESTRESSE – NA COMUNIDADE

Para análise ou discussão: qual é seu maior desejo para o futuro de seus filhos?

1. Qual dos três passos nas páginas 250-251 você mais precisa trabalhar para que não se preocupe com o futuro de seus filhos?

a) Construir a própria vida.
b) Ser um exemplo.
c) Ser forte por eles.

2. Que passo(s) você tomará esta semana para começar a trabalhar nas áreas acima?

____

____

____

____

____

____

3. Como os versículos a seguir a encorajaram a confiar o futuro de seus filhos a Deus?

SALMOS 20:4

SALMOS 37:4,5

SALMOS 37:23,24

PROVÉRBIOS 16:3

JEREMIAS 29:11

FILIPENSES 1:6

I JOÃO 5:14,15

4. Se você ainda não tem um "versículo para a vida" de cada um dos seus filhos, este é um ótimo momento para escolher um e começar a orá-lo agora. Escolha dentre os versículos da atividade 3 ou procure nos capítulos anteriores (e nas orações ao final de cada capítulo). Encontre um que seja particularmente aplicável e significativo para cada uma de suas crianças. Registre o nome delas abaixo e os versículos para a vida.

Nome(s) do(s) filho(s)	Versículo para a vida

APÊNDICE A

APROXIMANDO-SE DE SER UMA MÃE PERFEITA

Para nos associarmos a Deus – o Pai Perfeito –, devemos primeiro ser Seus filhos e Ele deve ser nosso Pai Celestial. Todos nós somos criações de Deus, mas nem todos somos Seus filhos. As Escrituras dizem que cada um de nós é um pecador desde o nascimento (Sl 51:5) e todos somos, naturalmente, filhos de Satanás, "o pai da mentira" (Jo 8:44). Porém, Deus encontrou uma maneira de nos adotar e nos tornar Seus (Rm 8:14-17).

Para purificar-se de seus pecados e receber a salvação de Cristo (sendo, assim, considerada uma filha de Deus), você deve entregar seu coração a Ele.

1. Admita que você é uma pecadora por natureza e não há nada que possa fazer por conta própria para compensar esse pecado aos olhos do sagrado Deus (Rm 3:23).

2. Aceite o sacrifício que Deus realizou – a morte de Seu justo e imaculado filho, Jesus na cruz, em seu benefício – com a finalidade de trazê-la de volta à comunhão com Ele.

3. Entre em um relacionamento amoroso com Deus, por meio de Jesus, como uma resposta por Seu amor e perdão a você. (Para mais informações sobre formas de desenvolver e manter um relacionamento íntimo com Deus, leia meu livro, *Letting God Meet Your Emotional Needs*, disponível em: <www.strengthforthesoul.com>.)

4. Dê a Deus todos os direitos sobre você e reconheça a liberdade Dele de realizar Seus planos em sua vida, e moldá-la, formá-la e transformá-la de acordo com Sua própria vontade.

5. Encontre um pastor, ou um responsável pelo ministério de mulheres em uma igreja de ensino bíblico de sua região, ou ainda um amigo cristão de confiança e conte a ele, ou ela, sua decisão de entregar a própria vida a Cristo. Eles desejarão orar para você e lhe darão o apoio e os recursos necessários para amadurecer esse novo relacionamento entre você e Jesus.

APÊNDICE B

GUIA DIÁRIO PARA ORAR POR SEU FILHO

As Escrituras nos dizem que podemos experimentar a paz, e não a ansiedade, quando, em vez de nos preocuparmos, orarmos (Fp 4:6,7). As Escrituras também nos fornecem um excelente roteiro de orações pela vontade de Deus para você e seus filhos. Além de orar regularmente as preces ao final de cada capítulo, aqui estão outras que você pode utilizar diariamente para suas crianças. Insira o nome de seus filhos nos espaços em branco e ore por eles de acordo com o dia da semana.

SEGUNDA: ORE POR SUA SEGURANÇA E PROTEÇÃO

> Obrigada, Senhor Deus, por seres o sol e escudo de __________ (Sl 84:11). Tu és o abrigo de __________; Tu preservarás __________ das angústias e o/a cercarás de canções de livramento (Sl 32:7). Eu confio em Ti e em paz __________ deitará e logo adormecerá, pois só Tu, Senhor, o/a fazes viver em segurança (Sl 4:8). Ajuda-me a recordar que, quando __________ atravessar as águas, Tu estarás com __________; e quando ele/ela atravessar os rios, eles não o/a encobrirão. Quando __________ andar pelo fogo, ele/ela não se queimará; as chamas não o/a deixarão em brasas (Is 43:2).

TERÇA: ORE PELA CONSTANTE CONSCIÊNCIA DA PRESENÇA DE DEUS DURANTE SUAS LUTAS

Para onde ___________ pode escapar do Teu Espírito? Para onde ___________ pode fugir da Tua presença? Se ___________ subir aos céus, lá estás; se ___________ fizer a sua cama na sepultura, também lá estás. Se ___________ subir com as asas da alvorada e morar na extremidade do mar, mesmo ali a Tua mão direita sustentará e guiará ___________ (Sl 139:7-10). Protege esse conhecimento no coração e na alma de ___________, oh, Deus, que ___________ não tema, pois Tu estás com ele/ela; que não tenha medo, pois Tu és Deus. Tu fortalecerás e ajudarás ___________; e segurarás ___________ com Tua mão direita vitoriosa. Tu, Deus, és o refúgio de ___________, a sua fortaleza, o auxílio sempre presente na adversidade. Por isso, ___________ não temerá, ainda que a terra trema e os montes afundem no coração do mar, ainda que estrondem as suas águas turbulentas e os montes sejam sacudidos pela sua fúria (Sl 46:1-3). Ajuda que ___________ sempre saiba que, se Tu és por ele/ela, ninguém será contra ele/ela (Rm 8:31).

QUARTA: ORE POR SABEDORIA EM SEUS RELACIONAMENTOS

Deus, dá a ___________ a habilidade de ser cauteloso(a) em suas amizades, confiando apenas naqueles cujos corações são puros (Pv 12:26). Que ___________ fique longe do homem perverso provocador de dissensão, e do que espalha boatos e afasta bons amigos (Pv 16:28). Que ___________ seja um(a) amigo(a) que ama em todos os momentos;

e um(a) irmão/irmã na adversidade (Pv 17:17). E veja que é melhor o amigo mais apegado que um irmão do que ter muitos amigos e chegar à ruína (Pv 18:24). Que os relacionamentos de __________ agradem a Ti. E peço, dá a __________sabedoria, discernimento e força para não se juntar àquele que não honra a Ti, seja um(a) amigo(a) próximo(a), um(a) colega de trabalho ou um(a) pretendente (2Co 6:14).

QUINTA: ORE POR SUAS BATALHAS E TENTAÇÕES

Deus, desvia os olhos de __________ das coisas inúteis; faze-o(a) viver nos caminhos que traçastes (Sl 119:34-37). Se homens (ou mulheres) pecadores seduzirem __________, ajuda-o(a) a não ceder (Pv 1:10). Faze __________ lembrar-se de que não sobreveio a ele/ela a tentação que não fosse comum aos homens, e Tu és fiel; e não permitirás que __________ seja tentado(a) além do que pode suportar. Mas, quando for tentado(a), Tu mesmo lhe providenciarás um escape, para que o possa suportar (1Co 10:13). Acima de tudo, guarda o coração de __________, pois dele depende toda a sua vida (Pv 4:23).

SEXTA: ORE POR SEU AMADURECIMENTO

Senhor, ajuda __________ e que, como Jesus, (ele/ela) se desenvolva em sabedoria, estatura e graça na presença de Deus e de todas as pessoas (Lc 2:52). Eu oro para que __________ viva de maneira digna do Senhor e em tudo possa agradar-Te, frutificando em toda boa obra, crescendo no conhecimento de Deus e sendo fortalecido(a) com todo o poder, de acordo com a força da Tua glória (Cl 1:10,11). Que ____________ saiba que Tu ages em todas as coisas para o bem daqueles que o amam, dos que foram chamados de acordo com o Teu propósito (Rm 8:28). Que ____________ saiba que Tu podes também o/a predestinar para ser conforme à imagem de Teu Filho (Rm 8:29).

SÁBADO: ORE POR SEU FUTURO

Deus, eu louvo a Ti porque Tu conheces os planos que tem para ____________, planos de fazer ____________ prosperar e não de lhe causar dano, planos de dar a ele/ela esperança e um futuro (Jr 29:11). Que ____________ confie no Senhor de todo o seu coração e não se apoie em seu próprio entendimento; que ____________ reconheça o Senhor em todos os seus caminhos, e Tu endireitarás as suas veredas (Pv 3:5,6). Que ____________ comprometa-se Contigo naquilo que ela/ela faça e seus planos serão bem-sucedidos (Pv 16:3). Senhor, que Tu concedas a ____________ os desejos de seu coração e leve a efeito todos os seus planos (Sl 20:4).

DOMINGO: ORE POR SUA VIDA ESPIRITUAL

Senhor, obrigada por teres começado a boa obra em ____________, vai completá-la até o dia de Cristo Jesus (Fp 1:6). Por favor, faze que ____________ Te busque de todo coração; não permita que

____________ se desvie dos Teus mandamentos (Sl 119:10). Faze que ____________ dê ouvidos à sabedoria e incline seu coração para o discernimento (Pv 2:2). Cria em ____________ um coração puro, ó Deus, e renova dentro de ____________ um espírito estável. Devolve a ____________ a alegria da Tua salvação e sustenta ____________ com um espírito pronto a obedecer (Sl 51:10,12). Pois estou convencida de que nem morte nem vida, nem anjos nem demônios, nem o presente nem o futuro, nem quaisquer poderes, nem altura nem profundidade, nem qualquer outra coisa na criação será capaz de separar ____________ do Teu amor que está em Cristo Jesus, nosso Senhor (Rm 8:38,39).

PALAVRAS FINAIS

Como Deus a ajudou por intermédio deste livro? Eu adoraria saber mais a seu respeito e incentivá-la, além de orar por você. Saiba mais em <www.StrengthForThe-Soul.com>. Deixe uma mensagem e conte-me como posso orar por você. Sempre respondo aos meus leitores.

Ou, se preferir, envie correspondências para: Cindi McMenamin, c/o[38] Harvest House Publishers. O endereço é 990 Owen Loop North Eugene, Oregon, Estados Unidos, CEP 97402.

Se quiser que eu fale para o seu grupo, envie um e-mail para: Cindi@StrengthForTheSoul.com

38 Em inglês, c/o significa care of, o equivalente ao nosso "aos cuidados de (a/c)" (N.E.).

AGRADECIMENTOS

Meus sinceros agradecimentos a:

○ Minha filha, Dana, por sua paciência enquanto eu aprendia a confiar em Deus em relação a tudo que eu não sabia a respeito de como ser sua mãe. Por graça Dele, você se tornou maravilhosa. E esse trabalho se revelou realmente fácil.

○ Minhas amigas escudeiras – Connie Boyd, Lisa Pacheco, Amber Paulsen e Barbara Willett – pelos e-mails encorajadores e pelas orações poderosas enquanto eu lutava com a escrita deste livro.

○ Minha sábia, perspicaz e linda colega de faculdade, Joani Bell, por me fornecer praticamente um capítulo inteiro no momento em que eu me encontrava emperrada e precisava de mais histórias de mães para usar como exemplos dos ensinamentos a serem imitados. Espero ser uma mãe como você algum dia.

○ Minha própria mãe, Joyce, por me ensinar a confiar em Deus e a direcionar minhas preocupações a Ele ao orar.

○ Minha outra mãe, Sharon, por amar a mim, Hugh e Dana como seus.

FONTE: Century Schoolbook; All Things Pink Skinny; Balder Ll
IMPRESSÃO: Paym